前　言

在国务院"大众创业、万众创新"的鼓励下,文化传媒类小微企业如雨后春笋般破土而出,行业积极向好发展。但一方面,文化传媒类小微企业存在经营不规范、财务制度不健全等限制性因素;另一方面,该类型具有"轻资产"以及收益无法确定的特点,无法与商业银行的融资要求相匹配,这就使得文化传媒类小微企业容易出现融资困境。随着区块链技术的高速发展,与传统融资方式相比,众筹掀起了"金融脱媒"的浪潮。然而在众筹融资的运作过程中,也存在着不可忽视的风险及制约性因素。如何更好地将文化传媒类小微企业与众筹模式相匹配,以解决企业融资难的问题,是亟待解决的研究课题。

本书对北京华人天地影视策划股份有限公司(其经营现状符合工信部划分下的小微企业分类范畴,以下简称"华人天地")股权众筹创新项目、江苏远东股权众筹项目、海龙核科股权众筹项目、雷神科技股权众筹项目四个案例进行剖析和总结。本书第 1 章阐明了研究背景和意义、研究方法与内容,以及本书的创新点,并回顾了国内外对文化金融与众筹所取得的研究成果。第 2 章对研究样本华人天地进行了详细介绍,并重点分析了其股权融资计划始末;针对企业股权众筹创新项目融资计划,从三个维度对其融资机理与融资质量进行研究,剖析文化传媒类小微企业与股权众筹模式融资的耦合性;从法律监管机制的

1

完善、股权众筹平台一站式服务结构建设与支持者对企业信息披露真实性的关心等几个方面阐述华人天地创新项目融资过程中存在的风险因子,并提出有支持性的政策建议。第3章详细介绍了江苏远东股权众筹项目规划、项目融资困境与途径、项目股权众筹融资方案,重点分析了江苏远东股权众筹流程、成功因素与关键问题、存在的问题与优化措施。第4章详细介绍了股权众筹融资的动因、"众投邦"融资平台的选择、海龙核科股权众筹融资方案,并从财务指标、融资成本、融资速度、资金来源等维度分析了股权众筹融资的成效、风险及对策,重点分析了海龙核科股权众筹存在的优势和问题。第5章详细介绍了雷神科技股权众筹项目,并重点分析了雷神科技股权众筹的成功因素、存在的问题、众筹应用对策及平台风险防范。最后第6章总结全文,并指出研究中的不足以及预期研究方向。

本书结论有:(1)文化传媒类小微企业可与股权众筹建立高效连接模式,二者具有双向促进作用;(2)创新项目发起人与股权众筹平台对于项目融资质量的完成起着关键性作用,支持者需要提高自身的投资决策能力并树立健康的投资心态;(3)华人天地股权众筹创新项目中发起人的信用风险尤为重要,需要各个相关主体的积极与高度配合。

本书通篇以案例的形式分析了华人天地股权众筹创新项目、江苏远东股权众筹项目、海龙核科股权众筹项目、雷神科技股权众筹项目四个众筹项目的融资过程及问题,系统论证了股权众筹融资机理,并向文化传媒类小微企业提供具有促进作用的对策建议,对相关理论进行了补充,具有现实意义。

股权众筹模式下
我国公司创新项目
融资质量问题研究

贺星星　李悦　著

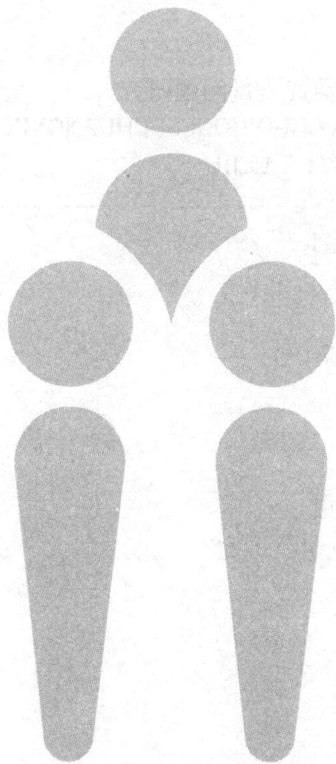

南方出版社

·海口·

图书在版编目（CIP）数据

股权众筹模式下我国公司创新项目融资质量问题
研究／贺星星，李悦著. —海口:南方出版社,2020.8
ISBN 978 - 7 - 5501 - 6186 - 3

Ⅰ. ①股… Ⅱ. ①贺… ②李… Ⅲ. ①公司 - 企业
融资 - 项目融资 - 研究 - 中国 Ⅳ. ①F279.23

中国版本图书馆 CIP 数据核字(2020)第 148946 号

股权众筹模式下我国公司创新项目融资质量问题研究
GUQUAN ZHONGCHOU MOSHI XIA WOGUO GONGSI CHUANGXIN
XIANGMU RONGZI ZHILIANG WENTI YANJIU

著　　者	贺星星　李　悦	
责任编辑	李　雅	
出版发行	南方出版社	
社　　址	海南省海口市和平大道 70 号	
邮　　编	570208	
电　　话	0898 - 66160822	
传　　真	0898 - 66160830	
印　　刷	河南省环发印务有限公司	
开　　本	880 毫米 ×1230 毫米　1/32	
印　　张	6	
字　　数	172 千字	
版　　次	2020 年 8 月第 1 版	
印　　次	2020 年 8 月第 1 次印刷	
定　　价	45.00 元	

目　录

第1章 绪 论

1.1 研究背景和意义

1.1.1 研究背景

随着当代经济跨越式发展,人们的价值观、消费观念发生了转变,对文化娱乐的需求也持续高涨,文化传媒在众多产业中逐渐占据一席之地。《国家"十二五"时期文化改革发展规划纲要》中明确提出要推动文化传媒产业稳步向前发展,实现"逐步成长为国民经济支柱型产业"。在国家产业政策支持、"一带一路"倡仪推进与行业市场前景不断利好的背景下,众多文化传媒类小微企业如雨后春笋般破土而出,近年来一直保持着不俗的业绩增长率。

不断增长的文化传媒类小微企业也意味着大量的融资需求,但该领域创业成功的却寥寥无几。究其原因,在消费金融时代背景下虽然其产品富含创意且容易被客户及时接受,但是多数文化传媒产品普遍存在一次性消费而使得收入难以量化;另外,通过传统融资渠道能够为企业筹集到的资金量有限,所以更多依靠的是企业自身留存资金积累,然而内生性资金增长缓慢,一定程度上会影响到企业的发展速度。随着当前经济下行压力的增大,融资难的问题将进一步扩大。因此,针对我国文化传媒类小微企业的融资难题,需要进行金融创新,建立新型适配的融资模式。

电脑客户端与手机移动端已经渗入生产和生活场景中,进而重塑人与人之间的联结关系,社会生产和消费呈现鲜明的结构化变迁,且多元化平台社交需求取代传统线下社交群体,而众筹的衍生会强化社群的黏合性。2006 年 8 月,美国学者迈克尔在文章中率先提及"众筹"(Crowdfunding)一词,其内涵为依托互联网平台建立大众间群体性合作关系从而使项目发起人或组织者汇集到所需资金。自 2014 年以来,社群经济之下文化传媒领域众筹热潮迭起,据人创咨询《2016 年中国众筹行业发展年报》的统计数据显示,2016 年国内共完成文化传媒类众筹项目58 605 起,其中成功项目 48 437 个,成功募资217.43 亿元。其中文化传媒股权类众筹创新项目成功融资 1 087 起,筹集资金58.70 亿元,成功项目达到 5.26 万次的参与量,代表性的股权众筹创新项目有创东方新三板领投基金、辛巴达旅行等(参考http://www.zhongtou8.cn/)。如表 1.1 为国内 5 家知名众筹平台文化传媒创新项目的融资状况。

表 1.1　文化传媒创新项目的融资状况

众筹平台	成功融资项目	总募资额(万元)	时间	网址
众投邦	华人天地	2 800	2014 年	http://www.zhongtou8.cn/
点名时间	《大鱼海棠》	120	2013 年	http://www.demohour.com/
大家投	《女人花似梦》	1 000	2015 年	http://www.dajiatou.com/
众筹网	《大美重庆三千年》	460	2014 年	http://www.zhongchou.com/
天使汇	《Lava Radio》	2 500	2013 年	http://www.angelcrunch.com/

单就筹资额度而言,217.43 亿元的募集资金虽无法同沪深

股市中动辄上亿的融资并购事件相比,但从发展势头上看,以股权众筹为代表的互联网金融都处于高速增长区间,成为吸纳小额资本进入文化传媒领域的重要渠道。众筹模式为处于孵化期的文化传媒创新项目赢得了启动资金,并伴随国内金融市场体系的不断完善,为小微企业获得更广阔的融资渠道(如新三板市场)提供了可能。例如,于 2015 年 4 月借助京东股权众筹平台上线的调果师项目,在 5 小时内达成 1 300 万元融资额。依托众筹平台,调果师还获得了额外的品牌收益及扩大产品销售渠道。据《证券日报》报道,调果师项目已于 2016 年在新三板挂牌。位于同一平台,已实现新三板挂牌的杭州推特网络公司为进行新产品研发,在 2015 年项目上线仅半小时就创造了业内 1 200 万元的最高融资记录,最终完成 3 102.2 万元的融资量,超出计划融资数 1 000 万元。我国正大力进行供给侧改革,经济发展进入"新常态"并积极鼓励"大众创新、万众创业",李克强总理在《政府工作报告》中多次强调要协同多方创新机制,集众创、众包、众扶与众筹平台为一体,可见为应对当下普惠金融发展趋势,如何提升文化传媒类小微企业的创新项目的融资质量就显得极其重要。

1.1.2 研究意义

本书研究主要有以下几个意义:

(1)丰富了文化金融的研究内容

近年来,文化传媒领域在不断注入金融资本,学术界关于文化金融的研究也与日俱增。本书对文化传媒类小微企业——华人天地股权众筹创新项目、江苏远东股权众筹项目、海龙核科股权众筹项目、雷神科技股权众筹项目四个案例进行研究,分析其通过股权众筹平台进行融资的机理,是对文化金融相关研究的一种有益补充,丰富了当前文化金融的研究内容。

(2)充实了众筹研究领域的内容

关于众筹研究的关注点主要集中于以下几方面:众筹的界定、众筹参与者机制以及融资质量的影响因素等。但这些研究大多为针对权益类(产品)的众筹,而针对股权众筹模式的较少。本书针对华人天地股权众筹创新项目、江苏远东股权众筹项目、海龙核科股权众筹项目、雷神科技股权众筹项目四个案例,选择股权众筹融资模式产生的效应进行针对性研究,分析其融资质量的影响因素,并提出其融资过程中潜在的风险因子,以充实股权众筹的相关研究。

(3)为新三板企业建立新融资渠道

文化传媒企业挂牌新三板后实现融资的成功率普遍偏低,本书选取的研究样本之一"华人天地"是一家在新三板挂牌的小微企业,其融资"不走寻常路"(通过股权众筹平台),我们希望借此帮助同样挂牌新三板的小微企业提高融资效率及收益,并为此提供相关的决策依据。这对于促进我国普惠金融的健康发展,具有一定的理论意义。

1.2　研究方法与内容

1.2.1　研究方法

文献研究法。本书通过收集近几年国内外学者的研究资料,在加工整理的基础上深入了解文化传媒类小微企业与互联网金融市场之间的联结和匹配度。

案例分析法。本书通过介绍文化传媒类小微企业——华人天地股权众筹创新项目、江苏远东股权众筹项目、海龙核科股权众筹项目、雷神科技股权众筹项目四个项目借助互联网平台进行股权众筹的案例,在基于行业背景下分析股权众筹融资质量的影响因素,并进一步揭示其募资背后存在的风险因子。

案例研究与规范研究结合法。本书引入少许规范分析案例,依据现有国内国外股权众筹的规范研究,借助国内知名股权众筹平台——众投邦与投黑马的平台数据,从支持者维度切入,分析股权众筹项目的融资质量,可以为股权众筹创新项目提供理论上的借鉴。

1.2.2 研究内容

本书在前人研究的基础之上,对文化传媒领域与众筹由浅及深地介绍并剖析了其发展方向,进一步将文化传媒领域中挂牌新三板的小微企业与股权众筹融资方式相匹配。针对我国目前文化传媒类小微企业融资现状及其发展需要,本书以华人天地股权众筹创新项目、江苏远东股权众筹项目、海龙核科股权众筹项目、雷神科技股权众筹项目四个项目选择股权众筹融资方式而取得成功作为案例,从三个角度研究企业融资质量的影响因素,并对众筹过程中企业存在的风险因子进行分析,为我国小微企业提供融资新决策。

本书共分为6章,具体结构及主要内容如下:

第1章,绪论。本章简要阐述研究的时代背景及意义、选用的研究方法、国内外文献整理和具有的创新点。

第2章,华人天地股权众筹创新项目案例研究。案例表述及质量分析部分:首先简要介绍华人天地的发展史,分析了其近几年的财务数据;然后以时间的维度介绍了公司股权结构的演变;最后详细阐述了其创新项目股权众筹融资的始末。案例风险分析部分:首先,运用 AMC 模型详细解析了当前众筹发展的行业背景;其次,对股权众筹这一模式与文化金融、新三板的匹配度进行阐释;最后,从三个维度(项目发起人、支持者与平台)切入,收集大量数据,借鉴局部规范研究模型,深入分析国内华人天地股权众筹创新项目的融资质量,并指出其项目的关键性因素;根据华人天地股权众筹创新项目案例,结合其融资需求,阐述其背后潜在的风险因子。

第3章,江苏远东股权众筹项目案例研究。本章详细介绍了江苏远东股权众筹项目规划、项目融资困境与途径、项目股权众筹融资方案,重点分析了江苏远东股权众筹流程、成功因素与关键问题、存在的问题与优化措施。

第4章,海龙核科股权众筹项目案例研究。本章详细介绍了股权众筹融资的动因、"众投邦"融资平台的选择、海龙核科股权众筹融资方案,并从财务指标、融资成本、融资速度、资金来源等维度分析了股权众筹融资的成效、风险及对策,重点分析了海龙核科股权众筹存在的优势和问题。

第5章,雷神科技股权众筹项目案例研究。本章详细介绍了雷神科技股权众筹项目,并重点分析了雷神科技股权众筹的成功因素、存在的问题、众筹应用对策及平台风险防范。

第6章,结论与展望。对本书的研究进行总结与升华,并提出下一步研究方向。

1.2.3 技术路线图

本书的技术路线图如图 1.1 所示。

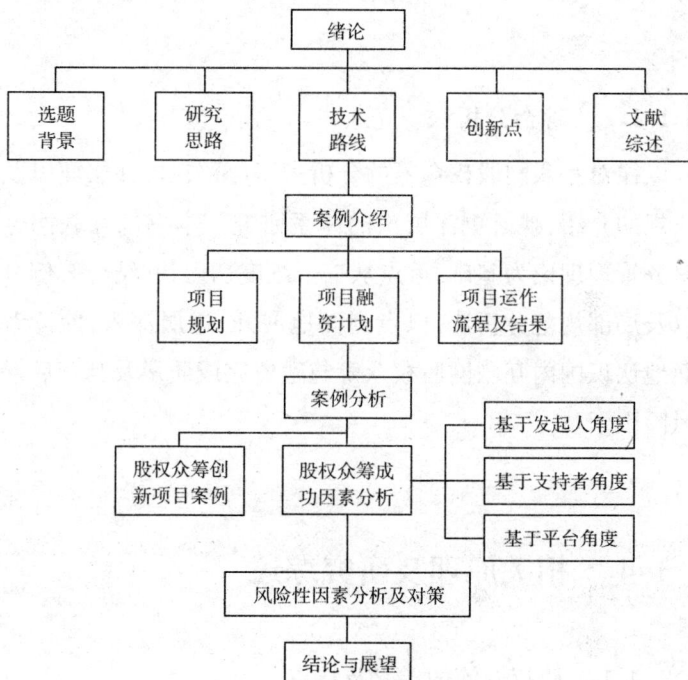

图 1.1 技术路线图

1.3 创新点

1.3.1 研究对象新颖

当下,国内以众筹为首的普惠金融撼动了长期占据国内统治地位的传统金融模式,但是文化传媒类小微企业对于互联网股权众筹这一新兴融资方式的认识不够全面,外部与内部皆存在无法忽视的风险因子,本书将二者进行匹配,以此作为研究对象。

1.3.2 综合分析法

以往对互联网股权众筹的分析大多停留在内涵层面以及法律法规的介绍,缺乏更深层次的体系研究。本书以互联网金融与财务管理理论为基础,重点从三个维度切入,并结合案例分析法以及局部规范分析法,以点到面地展开,逐层深入,使读者更全面地认识国内互联网股权众筹与融资完成质量及其背后潜在的风险因子。

1.4 相关原理及研究综述

1.4.1 股权众筹的定义及特点

1.4.1.1 股权众筹融资模式的定义

众筹,顾名思义就是大众筹资,指项目发起人把需要筹资的产品或项目放在互联网上供大众投资者浏览并成功取得资金的一种新型融资方式。众筹分为四种模式,分别是债权众筹(Lending-based crowdfunding)、股权众筹(Equity-based crowdfunding)、回报众筹(Reward-based crowdfunding)和捐赠众筹(Donate-based crowdfunding)。股权众筹是指项目筹资人向投资者出让一定比例的股份来作为投资回报的一种融资形式。

1.4.1.2 股权众筹融资模式的特点

(1)投资估值方面

股权众筹模式下,能够很大程度地避免传统融资过程中投融资双方信息不对称的情况,有利于项目企业制订合理的价格。创业项目发起者发布项目主要面向全体有投资意向的投资人,项目投资人在公开透明的情况下选取合适的投资项目,成为该企业的股东,避开了传统 IPO 发行的一系列复杂的流程。企业的估值主要是通过市场考量来决定,消除了政府等外界因素对于该项目企业估值的干扰,同时也避免了逆向选择给项目企业带来的损失。

(2)投资和经营身份

股权众筹的投资者具有双重身份,他们既是企业产品的消费者,也是项目企业的股东。股权众筹的投资者还肩负着充当决策者的任务,特别是天使投资人,由于出资比例相对较大,对企业今后的发展方向都具有一定的话语权。这时投资人必定会加强与创业者的联系,更大程度地了解企业创业的状况,运用自身的资源帮助企业发展。

1.4.2 股权众筹融资模式的发展现状分析

上述内容描述的四种众筹模式中,借贷型众筹和捐赠型众筹因为单独监管,与传统意义上的股权众筹形式有所区别。而奖励型众筹的定义也没有严格的规范,相对于其他众筹形式来说,股权众筹在这几年取得了巨大发展。尤其是在李克强总理提出"大众创业、万众创新"后,股权型＋众筹开始被公众熟知和接纳。2015 年,股权众筹平台数量急剧增加,越来越多的企业参与到股权众筹融资形式中来。数据显示,近两年股权众筹融资成功的总金额也在不断增长,截止到 2015 年末,股权众筹的融资金额占所有众筹融资总金额的五分之二。如图 1.2 所示为股权众筹在所有众筹融资额的占比情况。

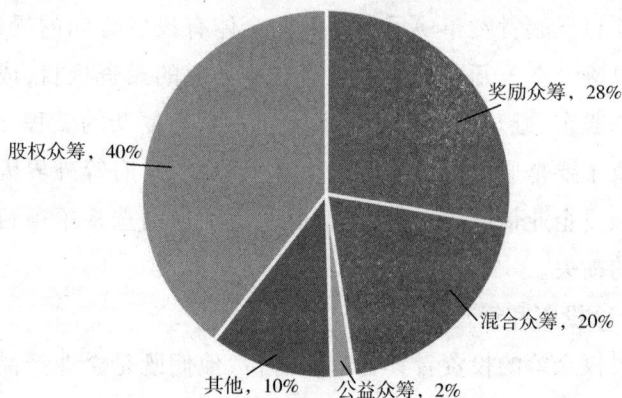

图 1.2 众筹融资的比例

2015 年证监会向全国人大提交了证券法修订草案,其中包括了企业发行股票实行注册制,同时建议一些通过证监会认证的机构可以通过互联网平台向市场发布证券,这意味着如果该草案最终通过人大常委会的审核,股权众筹平台就可以发行债券。由此可以看出我国资本市场正朝着多层次、多元化等方向发展,股权众筹非常有可能成为我国证券市场的新梯级补充。政策的倾向使股权众筹市场嗅到了前所未有的商机,各个电商巨头纷纷入场,中国平安、京东、创投圈等宣布上线股权众筹平台,未来新三板挂牌数量很可能会超过 2 万家。无论是从国家层面的政策倾向方面来看,还是从实际政策扶持力度方面来看,股权众筹都将经历发展的黄金时期。从相关机构的数据统计显示,2015 年我国股权众筹平台相比于上一年增加了 48%,达到了 125 家。股权众筹平台数量增长情况如图 1.3 所示。

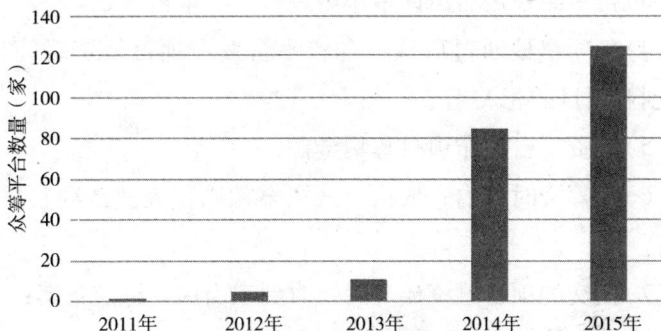

图 1.3 股权众筹平台数量变化

从图 1.3 可以看出,我国股权众筹平台数量呈现出逐年上升的趋势,此外,平台交易额也在逐年上升,截止到 2015 年年末,我国股权众筹平台交易总额超过 54 亿元。股权众筹开始出现了与新三板相结合的趋势,据不完全统计,国内股权众筹平台已有 62 家走上了与新三板结合的道路,如众投邦、天使汇等。

1.4.3 股权众筹融资模式的流程及风险

1.4.3.1 股权众筹融资模式的流程

众筹平台的分类主要是根据回报类型来进行划分的,我国股权众筹平台除了以股权形式回报投资人之外,与其他众筹模式最大的区别还在于股权众筹通常采取"领投人 + 跟投人"模式,这是我国股权众筹平台普遍采取的形式。以"众投邦"为例,整个众筹流程可以分为以下几步:

(1)筹资人把相关项目的材料准备好后,由推介人为其推

介,并最后将项目相关信息提交给众筹平台;

（2）平台对项目发起人进行资格审核;

（3）初审结束之后由评审小组进行二次审核;

（4）各项审核通过后众筹融资平台发布项目筹资时间,并展示创业项目的相关细节;

（5）筹资平台发布项目募集金额;

（6）在筹资时间内完成项目融资金额则代表此次项目融资成功;

（7）提交的项目融资成功后及时到工商局登记及备案;

（8）由众筹平台向创业筹资人打款。

1.4.3.2　股权众筹融资模式的风险

股权众筹融资模式在给投融资双方带来诸多便利的同时,风险也是必然存在的,主要可以概括为以下几个方面:

第一,筹资者角度。筹资者在筹资过程中必然希望能够融资成功,那么为了保证项目融资成功,项目发起人可能会故意隐瞒一些产品缺陷或者无法保证此产品的知识产权,这就考验筹资者是否能够诚信展示创业项目的信息。当然也可能出现筹资者对市场情况判断失误,无意间误导了投资人的情况。对于监管相对比较完善的传统融资模式也有可能出现欺诈投资者,以及伪造、变造财务报告等一系列违法犯罪的情况,更何况股权众筹平台还处于不断完善中,监管不够全面,平台自身的可靠性也有待加强。创业项目发起人过多地展示公司信息也会涉及泄露公司机密的情况。

第二,投资者角度。股权众筹融资定位主要是大众,而大众投资者往往又是缺乏投资专业知识的,股权众筹融资过程中往往往会出现同群效应、逆向选择、盲目跟风以及错误投资的情况。

第三，股权众筹平台角度。股权众筹平台还处于不断发展完善中，很多运营机制还不成熟，如果在筹资过程中发生纠纷，可能会出现责任人不明晰的情况。比如，有些比较热门的融资项目在发生超募时，还没进入的投资者不希望错过此次投资机会，寄希望于借助超募进行投资，但前期成功投资的投资者可能不愿稀释股权，如果此时股权众筹平台没有应对相关事件的经验和对策，那么就容易产生纠纷。而在众筹创业项目发布的过程中，众筹平台也可能出现不诚信的情况，比如对于审批不合格的创业项目企业依旧予以上线融资，损害投资人的利益，股权众筹平台联合融资企业形成关联交易，骗取投资者投资。再者，股权众筹平台定价机制也可能存在问题，大大提高了创业项目公司市场价值被错估的风险。众筹平台的安全因素也十分重要，需要随时应对黑客的攻击，处理不好可能会导致一些投资者的个人资料被泄露，创业项目数据被恶意篡改，投资人资金被盗等严重后果。

第四，政府角度。在股权众筹过程中，融资方防范和化解法律风险尤为关键。对于股权众筹，目前在我国法律领域，对于融资方在股权众筹过程中应当如何履行其职责、应当承担哪些义务，基本上还处于空白的状态。我国的监管法律还不够完善，缺乏相应的处罚机制，投融资双方要面临政策因素的风险。比如触及公开发行证券或"非法集资"红线的风险。股权众筹的发展冲击了传统的"公募"与"私募"界限的划分，使得传统的线下筹资活动转换为线上，单纯的线下私募也会转变为"网络私募"，从而涉足传统"公募"的领域。在互联网金融发展的时代背景下,"公募"与"私募"的界限逐渐模糊化,使得股权众筹的发展也开始触及法律的红线。要判断该行为是否违反《证券法》则取决于其是否为公开发行。股权众筹需要对其运作模式进行严格的管控或采取特殊方式才能规避《证券法》的限制,而这种规避方式从法律解释的角度来看往往是不可靠的,另外,这种打"擦边球"可是个高难度的技术活,也伴随着较高的法律风险。

1.4.4　理论基础

1.4.4.1　企业融资理论

资金是一个企业发展的关键,中小企业规模小,难以获得银行和其他金融机构的支持是各国中小企业发展所面临的普遍问题。早在 20 世纪 30 年代,麦克米伦就提出中小企业融资面临着金融缺口。著名的麦克米伦缺口是指资金供给方和需求方针对资金使用的问题达不到共识,造成资金缺口。中小企业进行融资,向银行申请贷款这样的间接融资方式,金融机构往往选择不发放贷款或者要求高利率的贷款,导致信贷缺口;通过直接融资的方式,融资准入门槛高、融资成本费用繁多,造成中小企业通过资本市场融资比通过金融机构融资更加困难,形成资金缺口。

在银行信贷的过程中,对于申请银行信贷的企业客户,如果能够接受银行制定的关于信贷的统一利率,银行会在达到贷款条件的申请企业中选择一部分企业为其发放贷款,而拒绝另一部分企业的贷款要求,这种现象便是银行业贷款中常见的信贷配给。受到信贷配给的限制,中小企业在向银行等金融机构申请信贷时,一般会吃闭门羹,在与大企业的竞争中完全处于劣势。发展中国家为了经济的发展,对金融领域出台了很多约束政策,严重地制约了金融行业的创新发展。由于金融体系与一个国家的宏观经济有着密切的关系,金融业发展受到制约后也严重影响了国家经济的发展,由此形成了经济与金融发展停滞不前的死循环。在此背景下,银行为了规避风险,一般会选择安全性较高的项目发放信用贷款,对于一些高风险项目来说,贷款机会就会相应地被压缩。与此同时,政府为了促进经济的快速发展,往往只重视大型企业的发展,而对中小企业缺乏相应的政策扶持,很多中小企业无法在金融体系中获得资金支持。

优序融资理论是由迈尔斯和马基洛夫提出,理论排除了假设信息对称的条件,将交易费用加入参数范围,得出权益融资有可能向市场传递企业负面信息。公司融资的决策通常是以资金成本最小为目的,由于权益融资成本高于债务融资成本,企业在进行融资时,优先考虑内源融资,其次是债务融资,最后才会选择权益融资,优序融资理论讨论了中小企业融资的短期需求。但是,结合中国国情,资本市场的利率是以资金为名义的财务成本,并没有体现出实际获取成本,资金可获得的成本往往比名义财务成本更为重要。

长期互动假说认为中小金融机构可以与地方中小企业长期合作,互相了解,减少了信息不对称的问题。而大型金融机构出于风险考虑,更加倾向于向大型企业发放贷款,规避向中小企业提供贷款。长期互动假说还认为中小金融机构体系的发展有助于解决融资难问题。目前国内对于解决中小企业融资难的问题,主要有贷款发展理论和长期互动假说。贷款发展理论认为,由于中小企业自有资金不足,同时又缺少其他资金融资渠道,运用银行等金融机构贷款支持中小企业发展,在信贷政策和贷款担保政策上做一定倾斜。国内长期互动假说的运用,是希望可以通过放宽主板上市的条件,为中小企业创造融资环境,同时可以效仿国外发达资本市场国家建立专门为中小企业上市融资的二板市场。新三板市场就是为了中小企业融资而专门设立的融资平台,互联网融资模式的加入使得融资形式更加灵活,融资渠道不断拓宽。

1.4.4.2 社会资本理论

社会资本是指个人在组织结构中,利用自己的关系而获得利益的能力,林南首先提出了社会资本理论。股权众筹的融资模式是通过网络进行融资,投融资双方不认识,领投人与跟投人之间也不认识,投资者在投资时存在一定的风险。投资者为了能够投资到优质项目或目标公司,社会资本在整个融资过程中起到了关键作用。在融资前,融资者会将自己的经营状况、财务信息披露出来,投资者可以直接通过互联网平台获取公司及项目的信息,解决了传递成本的问题。在融资过程中,投资者要了解融资者资金的使用状况,同时融资者为了取得投资者的信用,就需要尽可能多地进行信息披露,一定程度上缓解了信息不对称的问题,社会资本中的信任机制决定了投资者的投资判断,同时也激励投融资双方建立信任关系。股权众筹平台中,投资者和融资者双方建立信任关系,不仅可以节约融资时间,也可以降低中小企业融资中的交易成本。在融资完成后,投融资双方要完成相应的股权变更手续,在随后的经营中也要履行信息披露的义务。双方在整个融资过程中是建立在信任基础之上的,违约会导致投融资双方的损失,将融资者排除在股权众筹融资方式之外,融资者违约成本高,起到了一定的约束和监督作用,使得股权众筹融资模式能够顺利地进行。

1.4.4.3 互联网金融理论

互联网金融的出现在很大程度上缓解了中小企业融资渠道窄、融资困难的问题,尤其是近年来大数据以及云数据在互联网中得到广泛的应用,为互联网金融深化改革起到了很大的推动作用。2014年央行发布了《中国金融稳定报告》,该报告中对互联网金融做了明确的定义,指出互联网金融是以互联网平台为载体,应用移动通信技术为筹资者提供融资渠道的一种创新性金融服务模式,包括了第三方支付平台、P2P网贷平台、小额贷款金融平台、众筹平台等形式。

在国内资本市场不够完善的大环境下,信息不对称问题普遍存在,导致额外的交易成本、信息成本增加,使企业的外部融资成本高于内部融资成本,同时中小微以及初创企业内部融资不能满足企业发展需求,造成了融资困境。破坏性创新理论在近年逐渐开始影响传统金融行业。该理论认为,随着科学技术的快速发展,可以根据行业特征找出行业在发展过程中存在的缺点,对原有的市场结构进行优化,以客户的需求为导向,创造更多创新性的产品和服务,最终颠覆整个行业的发展模式,成为行业的典范。有互联网大数据做支撑,使得信息发布及时,信息搜索迅速、信息整合高效,提高投资者和融资者识别投资风险的能力,使得资金可以有效、合理利用,最终实现资源的合理配置。由于互联网金融具有对信息搜集与处理的优势,信息传递更加高效,可以通过降低成本来解决信息不对称问题,拓宽中小企业的融资渠道。将互联网大数据应用到中小企业融资上,可以合理控制借贷交易的风险,降低融资成本,从而有效地解决中小企业融资难的问题。以上理论分析中,可以看出,互联网融资模式通过降低交易成本,提高市场信息透明度,减少企业的外部融资成本,从而起到缓解中小企业融资约束的作用。

1.4.5 众筹研究现状

1.4.5.1 众筹内涵

美国网站 Kickstarter 是众筹的发源地,自众筹在全世界出现以来,就受到政府、团体与个人的关注,与众筹相关的研究文章如雨后春笋般破土而出,众筹的内涵及其界定也被从不同角度进行解读。从企业融资需求的角度,Lee 和 Yi(2008)认为众筹是初创期企业在面临融资问题时一种可供选择的方法。Sinha 与 Sarmah(2010)紧随其后,以同样的视角阐述众筹的含义,认为其实现"去金融中介化",降低团队融资成本,并依托当下的互联网发展平台,使每一位用户成为"草根投资者"。Nocke, et al(2011)从组织学角度出发,认为众筹是一种人类智能表现形式,出于某种目的将具有相同兴趣爱好且价值观一致的人聚集在一起的运作模式。Andrea, et al(2011)在研究 Kickstarter 与 Crowd Bank 后认为,众筹的兴起使消费者的传统角色定义正在转变,消费者已经不再是企业生产链条的最终端,他们可参与到团队的创意研发、市场调研以及产品生产环节;通过众筹,顾客已成为企业生产销售各个环节的重要附加资源。Rubinton(2011)基于金融机构发展的视角认为,众筹是投资银行随时代发展的产物,发起人通过平台散布充满创意及市场前景的项目以吸引潜在的投资者(产品预售支持、慈善、股权与借贷支持)，众筹对项目融资时限的界定使企业的融资更有效率、风险分散扩展性强等。Buysere，et al.(2012)阐释通过互联网平台，创新项目的众筹融资成功汇集了每位支持者贡献的资源，是一种集体融资行为模式。Belleflamme，et al.(2013)注重社区资源，在原有研究者理论基础之上进一步整理，认为众筹使处于孵化期的项目外部化，并依托互联网平台，与用户进行有偿或无偿的交易，推动了资本市场民主化。国内学者范家琛(2013)指出，众筹开启网络 Web.3.0 时代，与"多数人资助少数人"的传统募集方式相融会贯通，在 P2P(Person to Person)或 P2B(Person to Business)模式下使各行业融资项目与投资人交互，鼓励企业大力发展智能与创新。孟稻等(2014)基于信号传递理论，构建众筹项目发起人、中介平台与项目支持者三方融资模式。王光岐和汪盈(2014)着眼于小微企业融资难这一问题，通过分析众筹融资模式认为，互联网融资模式为国内小微企业搭建新平台，有利于企业高效率实现融资并减少不必要的成本支出。Mollick(2014)发现创新项目的提出是基于创业团队的文化背景、兴趣爱好以及当下市场热门产品的前景等因素，项目支持者在缺少传统金融机构的模式下仅通过众筹平台进行询价、议价而后直接投资。

Fumagalli，et al(2015)认为众筹这一融资模式可以应用于医学领域。通过搭建项目将参与者、医学基金会、科研人员与病人等集于一体平台，对罕见与疑难疾病进行社会公开募集资金，有利于个性化医疗事业的发展。Xu，et al(2016)提出众筹本质上是一种融资平台，旨在建立一个大众网络平台，让富有想法和创造力的人们可以获得他们所需要的资金。众筹融资的新兴模式,打破了传统高门槛、专业化的融资途径,使每一位"草根"支持者都有参与的可能。Mastrangelo(2019)考虑了企业社会责任的四个维度的作用,对奖励性众筹中财务成功和个人成功的影响因素进行实证分析,认为众筹融资应着重于融资项目的内容上,融资过程的质量完成情况取决于企业家和投资者的关系。王晓琳(2019)对互联网众筹、动机的内涵进行研究综述,认为众筹的作用是发挥其普惠式金融模式,使得发起者的资产和投资人的资金两端有效结合。

总结国内外学者对于众筹内涵的研究,大致可分为以下几类:①众筹是"金融脱媒"的商业模式(范家琛,2013;孟稻等,2014);②众筹是创意性项目生产基地(Andrea, et al,2011);③众筹是互联网技术发展之下的新型运作模式(Fumagalli, et al,2015;Nocke, et al,2011;Buysere, et al,2012;Belleflamme et al,2013);④众筹是融资平台(孟稻等,2014;王光岐和汪盈,2014;Mollick,2014;Xu, et al,2016; Rubinton,2011;Ordanini, et al,2011)。

1.4.5.2 众筹分类

依据 Massolution 出具的众筹报告,学者们通常将众筹分为四大模式。债券众筹(Lending – based crowdfunding)、捐赠众筹(Donate – based crowdfunding)、权益众筹(Reward – based crowdfunding)和股权众筹(Equity – based crowdfunding)。笔者查阅相关资料,对众筹科学的分类界定如表 1.2 所示。

表 1.2　众筹相关分类界定

序号	关于众筹分类界定	相关文献
1	捐赠模式、报偿模式、借贷模式、股权模式	Buysere K(2012)
2	产品预订模式、现金收益(含股权、远期利润等)	Belleflamme P, Lambert T, Schwienbacher A(2013)
3	团购＋预购模式、股权投资模式、债券投资模式	周宇(2013)
4	社会捐赠类、物品回报类、P2P 借贷类、股权类	刘姝妹(2014)
5	回报式众筹平台、债券式众筹平台和股权式众筹平台	李昊(2014)

1.4.5.3　众筹融资机制

（1）角色置换机制。众筹项目的支持者在决定是否投资时,会将自己的角色作为置换来考虑。Ordanini, et al(2011)认为不同模式下众筹的支持者会扮演不同的角色。如权益类众筹模式下,作为产品代理商,他们会选择值得信赖、富有创新且市场前景广阔的产品进行投资。SellaBand 平台以项目产品预售为主,每位参与者会购买预售产品,借以自己的微薄力量为项目完成每一笔融资;股权众筹模式下,作为中小股东,他们会考虑企业披露的财务数据、发展规划、未来预期增长性以及可带来的回报收益。Trampoline 平台的参与者为了获得投入资金的回报,这种以低门槛投资却能参与企业决策的新奇投资方式是吸引他们的重要原因;捐赠众筹模式下,作为爱心捐赠者,满足他人的同时也无形中提升了自己的知名度。Kapipal 平台类似于国内轻松筹,偏向于慈善捐赠,"援助精神"是参与者的标签;Ordanini, et al(2011)同时选取 SellaBand、Trampoline 和 Kapipal

三家众筹网站,从客户参与视角出发,研究平台内投资人参与度最高的项目是什么,为什么会选择此类项目,并依据其带来的风险、收益报酬强度,将众筹分为爱心公益行为、预期购买行为以及风险投资行为三种模式。同时 Ordanini, et al(2011)通过不同平台之间支持者角色扮演机制总结了三种重要特征:一是闲余资金利用,期待投资获得回报;二是创新与活力思维,对新奇事物的接受与探索;三是参与精神,希望成为项目融资成功的一分子。Ahlers, et al(2015)针对借贷众筹模式 Kiva 平台进行调研,发现如果项目以"这是一次难得的投资机会"等口号进行宣传时,参与者并没有持积极的投资态度;而当项目在宣扬中强调"这是一次能够帮助他人的机会"时,往往能激发参与者潜在的乐于助人的精神,增加项目的访问量,其融资效率会有所提升。

(2)行为模式机制。Gerber, et al(2012)运用扎根理论模型并收集了 83 份半结构式访谈问卷,发现创始团队发起项目动因机制包括获得成长必要资金、扩大企业知名度、扩大关系网、降低融资成本等;项目支持者动因机制有获得一定投资收益、援助他人精神、成为项目一分子、兴趣爱好以及信仰等。Gerber 和Hui(2013)将参与众筹平台的用户分为四大类:即在线捐赠行为、在线消费者行为、在线借贷与在线协同生产。从在线消费者角度分析,消费者通过众筹平台获取项目的预售产品、服务及一次性特殊体验,与传统融资方式相比,众筹提供的更多是一种创意性消费,因为大多数的项目产品即使处于融资阶段也仍旧还处于研发期或初始上线期。虽然这种权益型交易面临的风险及收益是不确定的,但仍旧使支持者怀着猎奇的心态去参与,作为项目首批客户,他们愿意去体验最前沿的产品及服务。从在线协同生产角度分析,出于投资收益机制,参与者通过一定数额出资可获得企业少数的股权,随后成立有限合伙企业参与企业的生产,这样能够使项目发起者最大幅度地贴合市场。因此从共性上来看,众筹是借助"大众"的力量在募集初始资金,作为项目发起人给予投资人的回报可能是股权、产品和服务等。其显著的特点是将资金募集者、投资人一体化,便捷了宣传、设计、供应渠道。Meer(2014)和 Mollick(2014)表示,除了捐赠众筹平台是以公益为目的之外,其余平台皆通过收取项目融资成功金额的一定比例作为营业收入。Cholakova 和 Clarysse(2015)将项目支持者参与机制分为逐利型与公益型,逐利型是指获得投资的一定报酬,公益型指出于个人的慈善爱心进行公共资助,信任他人。Gleasure(2015)基于印象管理(Impression Management)视角从反面剖析部分创始团队抗拒众筹的原因,借助案例分析法,发现众筹平台要求必须披露的信息使项目发起人感到恐惧,会破坏企业原有的体制。总的来说,支持者参与众筹大体可以分为角色置换机制与行为模式机制,这为研究者后续的研究提供了相关的理论基础。一是不同的众筹模式其支持者表现出来的参与机制存在差异性,因此支持者参与机制从本质上来说具有复杂性与多样化;二是不同主体之间参与机制存在交叉性,作为项目发起人与支持者,虽然参与的表现形式有所不同,但这种机制有时并非是单一的,很可能是某个机制作为主要驱动力,以促使众筹项目融资的完成。

　　综合学者们对众筹机制的研究,本书将众筹活动参与的目的大致归为两类:外部机制与内部机制。外部机制来源于支持者受外部环境影响,而非自身的内在兴趣爱好,外部因素多表现为在经济报酬以及其他利益驱使下,通过众筹平台进行交易以各取所需。如投资人通过资金的投入,占有企业的股权,以分享项目带来的预期收益。而内部机制则主要来源于参与者自身的内在因素,对项目的积极投资源于自身固有的价值观、兴趣爱好等。

（3）众筹融资质量研究

大体上来说,现有的众筹融资质量研究可分为两大类:

一类是众筹发起者维度研究。首先,对于融资质量方面的研究,郑海超等（2015）研究发现,项目企业拥有的员工数量以及股东在董事会中的席位数对融资质量产生显著的影响,并且张小涛等（2014）认为企业项目估值过高在一定程度上增加了企业的融资风险;骆祚炎和乔艳（2015）进行企业经营地域划分,表示投资机构类型、发达地区的投资效率要明显高于经济欠发达地区;Ahlers（2013）基于信号理论,以澳大利亚股权众筹项目作为样本分析,认为发起人拥有的股份数、财务信息公开是影响众筹完成的关键性因素。张成虎（2019）研究发现领投人、发起人、项目通过领投人的行为显著影响了融资质量;其中发起人和领投人的社会资本、投资经历、所在地区等因素对融资绩效具有促进作用。其次,行为动机与网络平台关系密不可分。Lambert 和 Schwienbacher（2010）收集了 21 位创业者样本数据,发现仅有 3 人支持众筹模式,其发起融资动因主要包括筹集项目启动金、企业宣传、收获顾客。Stanko 和 Henard（2016）认为对于发起人来说,众筹是为企业和未来的新产品培育市场潜在的客户。Gerber, Hui 和 Kuo（2012）对 Kickstarter、Pebble、Ouya平台的项目发起人进行半结构式访谈后指出,发起人参与众筹除了募集必要的项目资金外,建立人脉联结网络、宣传团队影响力与获得认可也是重要的影响因素。Gerber 和 Hui(2013)借助扎根理论对 92 位项目发起人进行了深度访谈分析,发现发起者进行众筹,其动因有提升自我价值、获得早期产品拥护者与提升开放度。刘明霞和黄丹(2015)同样基于扎根理论,通过质性分析文本资料构建奖励型众筹发起者参与动机模型,指出复杂交织的动因中,国内的众筹项目普遍受到情感因素驱动。Mendes 和 Rossoni(2016)选取 10 个文化产品中 1 845 名投资人作为研究对象,以众筹平台 Catarse Web site 为研究样本,通过融资周期、支持者 – 发起人之间实地距离及是否提前存在情感相关联为变量选取。研究发现支持者 – 发起人之间实地距离与融资质量呈现负相关关系,可能在于创业团队的宣传与关系网的辐射范围,而融资的时限长短并没有对项目的融资造成显著性影响。最后 Xu et. al(2016)在对发起者访谈之后,基于信息不对称视角下,借助定性比较分析模型(QCA)对发起人与支持者之间的主观能动性进行分析,指出支持者对项目披露的真实性与完整性抱有关心态度。李清香(2019)对发起人和出资者的沟通维度进行研究,发现众筹的发起人和出资者的双向沟通在众筹的完成中起到显著促进作用。

另一类是众筹支持者维度研究。但是目前国内外学者对这方面的研究较少,李国鑫和王正沛(2016)研究了科技类奖励型众筹项目,认为融资完成的重要因素之一在于支持者具备消费者动机(独特性产品需求)和投资人动机(投机心理),创业团队的能力与经验对其有强烈的正向影响。Ciuchta M P(2016)认为支持者在做相关众筹决定时,不仅会审查投资项目的内容、相关记录来获取有质量的信息,也会通过支持者本身的相关经验获取社会信息,从而做出支持者自身的行为和选择。张科(2016)指出支持者对于众筹项目的注册时间、借贷次数等关于支持者经验的概念。李晓鑫(2016)使用了支持者的注册时间、相关的项目数量、项目受到关注的数量作为指标来衡量支持者的能力和经验。

基于现有的众筹研究基础上,本书以文化传媒类小微企业华人天地挂牌新三板前后其创新项目皆选择股权众筹作为融资方式这一事件作为研究样本,从三个维度深入剖析其融资质量的影响因素。

(4)众筹融资风险研究

许建兴(2017)从法律风险的维度对众筹风险进行研究,认为众筹在推出多年后,国家应该对其进行立法的完善和市场的整治,从而维护一定的市场秩序。首先,众筹投资者在参与相关活动时,应提前通过众筹平台的资格审查,然后才能进行众筹投资活动。在众筹过程中的风险是多方面的,而法律风险是众多风险中的关键因素。因此,只有制定相关法律制度和对众筹市场环境的有效法律规制才能完善众筹,降低不必要的风险。宋坤(2016)研究了众筹平台的市场风险,指出众筹的风险主要为:在完成众筹融资后,投资者的权益难以得到有效维护,相关众筹融资平台缺乏售后维护工作;众筹平台的知识产权难以得到保护,往往一个新的众筹融资方案制定后必将受到其他平台的抄袭。李歆(2016)通过研究小微企业众筹融资的风险管理,发现制定众筹融资的相关制度很重要。使用了风险树和层次分析法,对小微企业的众筹融资风险进行衡量和评价,并对管理制度维度的风险管理进行研究。栾红（2015）从保险机制的维度对众筹融资进行研究，认为可以从保险机制来优化众筹融资，并提出基于保险自身的风险管理职能，通过与其他金融机构的战略合作实行风险控制，引入保险机制可以对众筹融资提供激励机制。陈秀梅（2014）从个人信用的建立来研究企业众筹融资的风险管理，指出要降低众筹融资的风险需要加强个人信用评价体系，以提出从完善众筹融资的政策环境、经营环境和平台环境三个维度建立个人的信用风险管理体系，以实现众筹融资的长久稳定发展。Kim（2019）研究了激励、风险与众筹的关系，认为对企业内部和外部激励对融资信任有影响，大环境的抑制因素对信任和风险有影响，较为健全的市场可以促进激励机制对风险的抑制。Hornuf（2018）研究了英国和德国的13个不同的股权众筹门户网站和413家公司，指出了接受股权众筹的德国公司通过商业天使或风险投资家获得后续融资的概率更高，但失败的可能性也更高。高级管理人员的数量和初始风险资本投资者的数量对获得后续融资都有积极影响，而高级管理人员的平均年龄对获得后续融资有消极影响。初始风险资本投资者的数量和公司的估值是增加公司失败风险的重要预测因素，而高级经理的数量和以往股权众筹活动中募集的资金数量则对公司产生了负面影响。

1.4.6 普惠金融下的文化传媒企业

1.4.6.1 文化传媒产业理论综述

世界各国对文化传媒产业的定义不同。美国称之为版权产业，以文化企业经营彰显出来的知识产权性质进行衡量；而英国则在文化传媒产业之下又细分为 10 个具体行业,诸如演绎业、广告业与时装业等;日本文化传媒产业内容丰富,有所关联的文化演出、新闻出版业、旅游业等都被划分为其名下,尤以宫崎骏《千与千寻》动画、Cosplay 角色扮演为代表的动漫游戏产业风靡全球,海外市场增长了 87.7%(Anime,日本动画 2016 年产业报告)。《周易》中"人文化成"最早揭示了"文化"一词的来源。据查阅资料考究,第一篇国内有关文化的学术文献出自 1987 年出版的《上海文论》。随着中国特色社会主义市场经济的发展、现代化生产方式与人们价值观念的转变,文化的内涵在不断丰富加深,而后相关的学术论文也不断涌现于人们的视线中。

对于"文化传媒行业",我国于 2004 年对其内涵进行了权威的界定:能够为社会公众提供有关文化娱乐方面的产品和服务的产业,广义上还包括与这些内容相关联的事物的集合。

国外研究现细分为"文化"与"产业"两大分支,专注于精神层面,涵盖创造与艺术、分享性的"文化",与结合一国经济发展的政策与不同行业分工作用的"产业"。我国文化传媒产业迎来了 3.0 时代的发展,乐后圣(2000)指出,文化传媒行业作为一个三层同心圆(核心行业、外围行业、相关产业),在 21 世纪会迎来黄金发展期。据 2017 年首季度影视行业最新统计,《三生三世十里桃花》创造了 150 526.3 万元的票房,成为大众喜爱的影视剧之一。

1.4.6.2　文化金融理论综述

行业的积极向好离不开金融资本体系的支持,资金的健康流入有助于企业更好地产生创意、产品研发,进一步扩大企业规模。2012 年文化金融会议上魏鹏举教授曾指出:要在金融体系中合理配置文化价值,随后"文化金融"步入国内学者的研究视野当中。刘双舟(2013)表示,文化金融蕴意有两层:一是文化传媒行业如何获得金融资本支持,金融行业应积极融入文化传媒领域,并为其服务;二是唯有打造优质的文化传媒项目,才能吸引金融资本的注入。

1.4.6.3 文化产业金融支持体系规范研究理论综述

在 1993 年出版的《文化经济政策和城市复兴:西欧的经验》一书中,作者 Franco Bianchini 和 Machael Parkinson 阐述政府运用财政手段对文化金融传媒的支持具有重要意义。自此以后,文化产业注入金融支持引起世界学者的广泛关注,现探讨国内对其发展的研究力度。

依据每年来访游客量、云南丽江旅游业和相关产业的数字统计,中国人民银行丽江分行于 2008 年成立专项课题组针对丽江的文化产业辅以金融支持进行研究。课题小组认为丽江不但作为世界知名旅游胜地并拥有着宝贵的自然文化遗产,而且其潜在的金融发展空间能成为云南经济发展的重要一部分;分行结合当地实际情况指出丽江的文化产业需与互联网结合,并大力协同发展第三方移动支付,拓宽现有的金融交易渠道,提升古城文化软实力。同年,黄蓉平(2008)实地考察云南石林民族文化产业,对保存至今的古民族文化发展现状及民俗产品销售渠道进行分析,指出当地政府应做示范性带头作用,积极转变石林民族文化产品,以现金作为传统支付方式。罗靓(2008)基于深圳发展银行、招商银行等金融机构向文化领域注入资金的案例研究,对深圳市文化传媒小微企业融资难的问题进行剖析。一是多数文化传媒类企业规模小;二是企业多为知识产权型创新产品,大量的无形资产无法满足传统金融机构的抵押贷款条件;三是其盈利性具有不可知性,现金流量不稳定。于婷(2008)运用 SWOT 分析方法,指出安徽大力发展文化传媒类产业的必要性,并提出多种模式建议,如构建公私合作关系(PPP)等四种体系。常晔(2009)同样指出我国文化传媒类小微企业金融支持发展体系落后的问题,以我国中西部文化传媒小微企业作为研究对象,分析了其存在的困境:一是中西部地区文化传媒产业处于起步阶段,与东部相比较为落后;二是文化传媒产业与金融行业处于相对隔绝的状态,金融资本尚未积极主动融入文化传媒企业中。王琳(2010)则提出了几点我国文化传媒产业金融支持体系构建的意见:一是专项资金支持必不可少;二是建立科学合理的评估机制;三是适当发行可流通的文化债券;四是完善担保服务体系,如保险中介机构可推出适合文化传媒企业的新险种;五是化整为零,文化传媒企业挂牌新三板等,拓宽融资渠道。王建琪和曾昭晖(2012)提出"新哑铃战略",依托 5 个平台(文化传媒基金、信贷担保、风控投资、文化保险与财务工资),升级文化传媒产业结构。刘琳与刘胜花(2012)定位河北文化传媒企业,在展示河北拥有文化瑰宝的同时指出与文化传媒产业发展现状并不相匹配,发现缺乏金融资本的支持是重要限制性因素之一,并强调河北文化传媒产业的发展需依托邻京、津地区的区位优势。马翠莲(2012)调研发现,上海银行已将本土文化传媒产业纳入重点性金融改革方案中,预计未来将开通服务于文化传媒产业的绿色融资渠道,提升文化金融服务,并推动其发展。吴劲军(2012)指出"文化 + 科技"是未来的发展趋势,在这一过程中少不了金融产业的大力支持,完善金融配套体系才能促成深圳文化传媒企业的优化转型,提供更多富有创造力的项目并实现"深圳创造"跨越式转变。王淼(2013)借鉴国外文化传媒金融产业的发展模式,从政府角度提出我国应给予商业银行对相关产业扶持的利率补偿,加大对其信贷资本输出。费聿珉等(2015)表示有必要将文化传媒产业与新兴互联网金融相结合,依托最新技术并拓宽融资渠道。并且王禹心(2016)认为国内应为文化传媒企业创造良好的上市条件。

综上所述,目前国内对文化产业融入金融支持的相关研究呈现出较强的地域性与个体性(针对单个文化传媒企业),而对于个体性的文化传媒类小微企业研究资料相对缺乏。同时,现有的研究对这一体系的构建还有待完善与深入。

第2章 华人天地股权众筹创新项目案例研究

2.1 华人天地股权众筹创新项目案例介绍

2.1.1 项目规划

2.1.1.1 项目公司简介

北京华人天地影视策划股份有限公司(简称"华人天地")成立于2008年2月,是一家集影视剧拍摄投资、摄影服务、演员经纪、后期制作、专业3D特效制作、动漫培训、网络策划以及各种大型音乐会背景与视频制作等为一体的文化制作服务公司。企业秉承以人为本原则,打造精良的管理模式,实现更具人性化的服务,在业务中追求精益求精,以优秀的作品回报社会。截止到2016年12月31日,企业拥有固定员工42人,符合工信部划分下小微企业分类范畴。

所属文化产业门类:R86广播、电视、电影和影视录音制作业。

2.1.1.2 公司财务数据与规划

(1)公司发展现状

华人天地成立初始将业务重心集中在影视剧策划、拍摄以及后期制作。企业于2010年与共青团中央网络影视中心达成战略性合作关系,组建成立团中央网络影视中心影视制作基地,为团中央网络影视提供数字内容服务。次年与北京张纪中文化发展有限公司、北京科瓙国际影视发展有限公司达成合作伙伴关系,逐步提升了在业界文化的品牌形象。企业于 2013 年完成股权分置改革并实现公司业务转型,将业务扩展至影视剧海外版权购买、投资艺人经济业务,并正式变更为股份制有限企业。2014 年 9 月 2 日正式在全国中小企业股份转让系统(俗称"新三板")挂牌,股票代码 830898,开始借助金融资本力量加速扩张企业现有主营业务的规模。华人天地划分为四大职能部门(如图 2.1 所示),具体下设财务部、制片部、后期部、三维部、艺人经纪部、影视剧发行部等,年均制作电视剧视频后期 500 集以上,音频混录合成制作 15 部以上,高质量三维动画年生产总量已达 1 000 分钟。

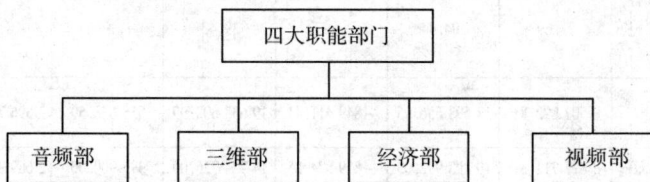

图 2.1　华人天地四大职能部门

(2)公司往期作品

华人天地往期作品如表 2.1 所示。

表 2.1　华人天地往期作品

作品分类	内容
公司参与拍摄制作的电视作品	《神雕侠侣》《射雕英雄传》《碧血剑》《鹿鼎记》《激情燃烧的岁月》《天龙八部》《兵圣》《佳期如梦》《闯关东中篇》《新还珠格格》《菊花醉》《景德镇》《我们的法兰西岁月》《新西游记》等

作品分类	内容
主体制作	世博会辽宁馆4D360度环幕立体影片,《中国航天歼十飞机研制》《唐山形象片》《大连诺德房地产公司》,纯三维动画《Turbo Boy》等
投资拍摄制作发行	电影《尼玛的夏天》、系列数字电影《功夫》等

(3)公司基本财务状况

华人天地公开披露财务数据如表2.2所示。

表2.2　华人天地基本财务数据

	2013 年	2014 年	2015 半年	2015 年	2016 半年	2016 年
营业收入(元)	12 810 815.14	26 068 907.58	1 528 477.36	35 650 088.33	2 230 571.73	10 231 409.58
营业收入同比增长率(%)	3.22	103.49	—	36.75	45.93	−71.30
营业利润(元)	6 507 992.81	13 304 997.05	−852 411.41	18 550 602.99	625 004.66	2 785 099.63
营业利润同比增长率(%)	77.69	104.44		39.43	—	−84.99
利润总额(元)	6 507 992.81	13 598 656.05	−849 411.41	19 633 602.99	556 628.59	3 596 723.56
净利润(元)	4 877 711.51	10 198 992.03	−859 874.85	14 724 726.00	395 900.00	2 669 853.72
归属母公司股东净利润(元)	—	9 978 747.78	−859 874.85	13 912 476.00	395 931.68	2 061 135.77
归属母公司股东净利润同比增长率(%)	74.55	109.09	—	44.37	—	−85.18
每股收益-基本(元)	0.500 0	1.020 0	−0.052 8	0.49	0.01	0.03
每股净资产BPS(元)	1.765 7	2.790 0	8.84	1.89	1.89	1.92

续表

	2013 年	2014 年	2015 半年	2015 年	2016 半年	2016 年
销售毛利率(%)	70.29	67.02	61.89	62.28	62.00	76.29
销售净利率(%)	38.07	39.12	-56.26	39.03	17.75	32.07
资产负债率(%)	12.40	29.58	3.52	9.49	10.71	6.47

数据来源:企业公开披露财务年报

华人天地 2016 年上半年实现营业收入 2 230 571.73 元,与 2015 年上半年相比同比增长了 45.93%,2015 年上半年企业出现亏损情况,原因在于当期影视业务量上升,伴随着骤增的相关成本,且影视行业较特殊,利润的回报周期较长,直至 2015 年年报公开披露时,拍摄的影视作品获得市场认可,取得了较好的收益并扭亏为盈,实现了 14 724 726.00 元的净利润。然而,相对于 2015 年全年,本期(2016 年)经营收入较上期减少 71.30%,是因为 2016 年下半年受国家宏观经济政策的影响,企业本期主要经营活动为国内电视剧的投资拍摄与后期制作,对外来项目的版权购入、销售和后期制作有所减少。纵观 2013—2015 年的发展,华人天地营业收入一直保持上涨趋势,净利润也有较好的增幅。公司 2013 年首次进入影视剧投资领域就获得较大收益,当年转让《黄金血道》20% 的权益的投资合同供给 1 500 万元,占当年年度营业总收入的 117.18%。华人天地毛利率一直维持在 60% 以上。然而,受当前劳务及商品社会价格总体水平持续上升的影响,公司节目制作过程中产生的人工成本、剧本费用、外协人员报酬、场景、道具、租赁费用等制作费用持续涨价,公司因此面临节目制作成本持续上升的风险。企业在未来发展中要不断转变现有的经营管理模式,把控资金流转及减少资本成本的无端浪费,提高资金的使用效率。

(4)公司未来发展规划

基于社群经济影响与居民消费观念的转变,文化传媒产业在我国快速发展,已被列入十二五期间国家支柱性产业,市场竞争不断加剧,同时金融资本也在涌入这个行业。2016 年中国电影票房为 457.12 亿元,同比增长 3.73%;据业内人士估计,至 2020 年中国电影票房将有望超越北美。未来的华人天地将着眼于全球,把握市场最新动态,依托多元化新媒体平台(如线上影院、互联网 PC 端、移动客户端 App 等),以及扩大与优化企业人脉资源关系,以影视剧拍摄制作、海外版权购买,开发相关产业链条衍生产品及研发 3D 立体技术为重心,为公众带来更多优质作品。同时紧随科技前沿,打造集 3D 数字立体实验室与 VR 制作人才实训一站式服务基地,满足 3D 数字化时代对影视剧的要求,实现由制作密集粗放型转变为平台拓展型企业。

2.1.2 项目融资计划

2.1.2.1 创建伊始

华人天地于 2008 年 2 月 21 日在北京成立,注册资本 50 万元,创始人张津实际出资 32.5 万元,刘华实际出资 17.5 万元,企业伊始股权结构如下所示(图 2.2)。

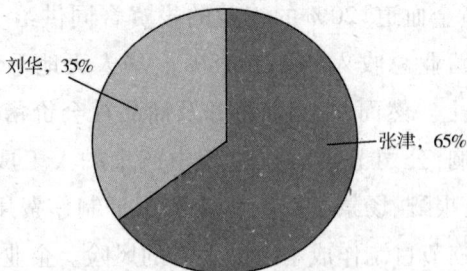

图 2.2 成立初始股权结构

2.1.2.2　初创期融资

华人天地于 2010 年 8 月首次增资,创始人(张津)追加 250 万元资本金,注册资本增至 300 万元,增资后股权结构图如图 2.3。

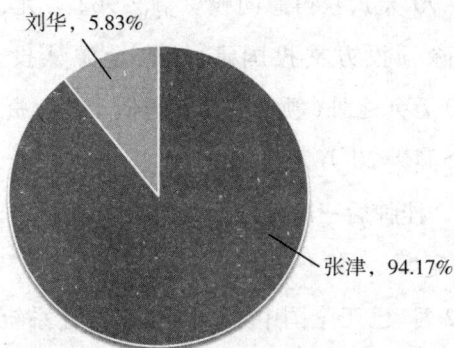

图 2.3　首次增资股权结构

2013 年 7 月,华人天地第二次增资,新增资本 52.94 万元,增资后股权结构图如图 2.4 所示。

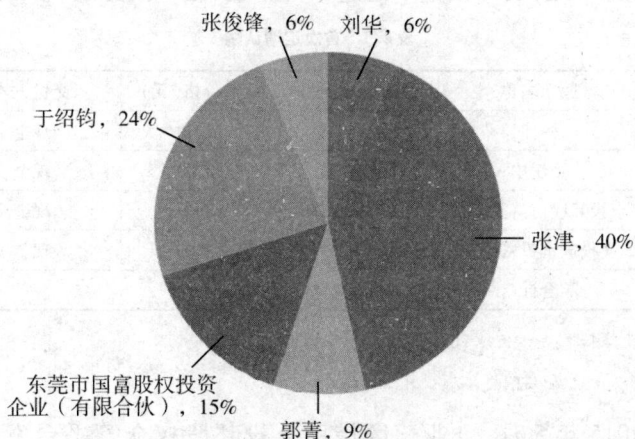

图 2.4　二次增资股权结构

2.1.2.3　完成股改并公开首轮融资

华人天地项目于 2014 年 5 月 28 日在众投邦股权众筹平台上线,本轮融资额为 2 760 万元,出让股权 7%,截止到 2014 年 8 月 25 日(共 90 天),获得意向投资额 2 962 万元,超出预融资总额 5.79%,除领投方文投国富、国富金源认投金额分别为 492 万元与 80 万元之外(领投额度不得低于总融资额的 20%),跟投者起投金额为 20 万元。

2.1.2.4　挂牌后三次定增

(1)首次定增

2015 年 2 月,已于全国中小企业股份转让系统中成功挂牌的华人天地(2014 年 9 月)再次借助众投邦平台上线融资,本次以定增的方式分别向四名投资人(如表 2.3 所示)发行股票。华人天地此次计划融资不超过 2 760 万元(含 2 760 万元),每股价格 12 元,发行数量不超过 230 万股(含 230 万股)。

表 2.3　首次定增认购

序号	股东名称	认购数量(股)	认购价格(元)	交付方式
1	张津	250 000.00	12.00	现金
2	张纪中	150 000.00	12.00	现金
3	众投邦股份有限公司	1 490 000.00	12.00	现金
4	文投国富投资企业	410 000.00	12.00	现金
	合计	2 300 000.00	—	—

数据来源:华人天地 2015 年报

(2)二次定增

2015 年 5 月,企业三度借助众投邦股权众筹平台发起融资,本轮再次向 4 名投资人定向增发 150 万股,共募资 1 950 万元,企业总股本增加至1 380万元,如表2.4所示。

表2.4 二次定增融资

序号	股东名称	认购股份数量(股)	认购价格(元)	交付方式
1	光大证券股份有限公司	800 000	13.00	现金
2	齐鲁证券有限公司	200 000	13.00	现金
3	广州证券股份有限公司	100 000	13.00	现金
4	赵明	400 000	13.00	现金
	合计	1 500 000	—	—

数据来源:华人天地2015年报

（3）三次定增

同年公司披露了第三次股票增发方案,再次引入战略投资者,定向发行250万股股份,共计募集资金5 000万元,公司总股本1 630万元,本次认购情况如表2.5。

表2.5 三次定增融资

序号	股东名称	认购股份数量(股)	认购价格(元)	交付方式
1	上海心澄新三板股权投资基金1期	700 000	28.00	现金
2	融通资本上海心澄新三板1号专项资产管理计划	500 000	28.00	现金
3	融通资本浙大专项新三板1号专项资产管理计划	500 000	28.00	现金
4	北京拙朴厚然投资管理中心(有限合伙)	400 000	28.00	现金
5	詹春涛	400 000	28.00	现金
	合计	2 500 000	—	—

数据来源:华人天地2015年报

2.1.2.5 企业债务情况

公司在挂牌前,短期及长期负债均为零,且无其他负债融资情况,依赖股东及其他投资者的增资为主要融资手段。华人天

地挂牌后,依据公司年报数据,企业 2014 年短期借款 600 万元,
无长期借款融资;公司 2015 年短期借款共 700 万元,无长期借
款融资;2016 年因偿还杭州银行商业贷款且未续借,短期借款
较上年减少 60.71%,偿债能力有所提升。

2.1.3　项目运作流程及结果

华人天地创新项目融资,依托国内专注新三板挂牌企业的
股权投融资平台——众投邦。首先企业通过对各大平台之间的
对比,并结合自身发展实际情况,根据自身意向选择平台。随后
平台接受华人天地项目申请,并锁定项目、实地考察,同企业负
责人约谈,由专业三方机构进行科学合理的市场化估值,当确定
华人天地创新项目具有可行性及市场前景之后,最终实现线上
公开股权众筹融资,具体流程如图 2.5 所示。

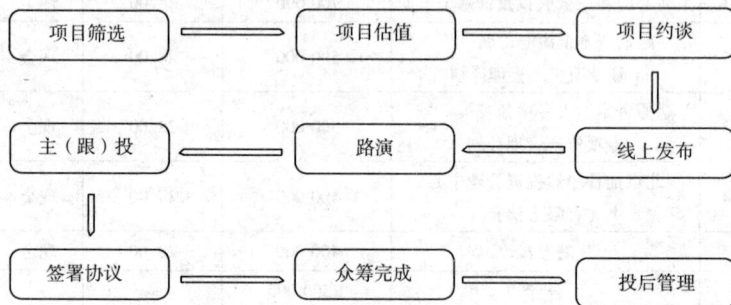

图 2.5　华人天地创新项目众筹

2.2　华人天地股权众筹创新项目案例分析

2.2.1　股权众筹创新项目案例分析

2.2.1.1　股权众筹行业分析

2011 年 7 月点名时间平台的上线,拉开了中国众筹市场大幕;股权众筹平台——天使汇的出现,说明了国内众筹市场进入了 V 1.0 时代。此时的平台项目数、用户参与量都在缓慢增长;2014 年,国内互联网巨头纷纷进入众筹市场,是国内众筹市场的 V 2.0 时代。此时参与量(项目发起人、支持者)激增,交易方式、细分领域与融资期限上发生转变;随着"大众创业、万众创新"的号召政策的提出,众筹进入生态孵化阶段,自此开启众筹的V 3.0版。

(1)中国众筹市场 AMC 模型分析

易观智库(2016)认为,行业仍旧处于探索期,非公开股权众筹市场继续保持上涨势头,虽然当前京东东家、蚂蚁金服等纷纷进入该领域,众筹融资模式逐渐呈现差异化和细分化,但整体市场仍旧不稳定,如图 2.6 所示。

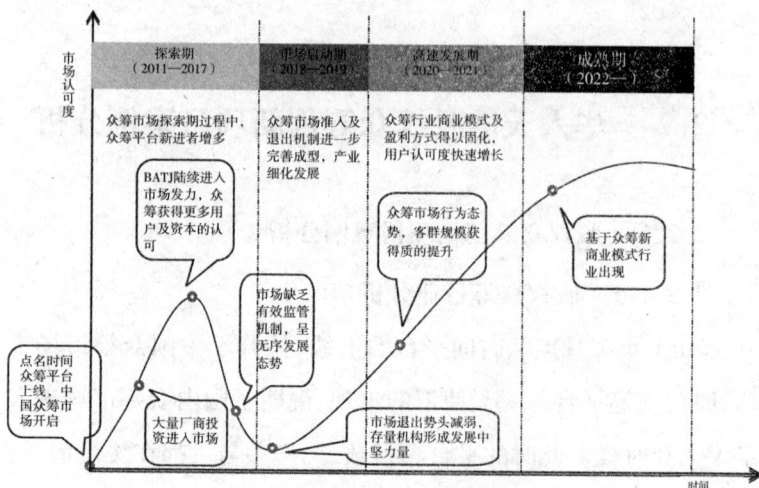

图2.6 中国众筹市场发展阶段

（2）股权众筹市场份额

据2016年行业年报显示，2015年股权众筹市场资源相对分散，细分市场初现。京东东家以13.1%的市场份额占据行业第一，达成项目超7亿元投资；众投邦、人人投分别占比6.1%、7.2%，但互联网股权众筹市场仍旧具有风险较大、回报周期长、投资金额大等特点，如图2.7为国内股权众筹平台所占市场份额。

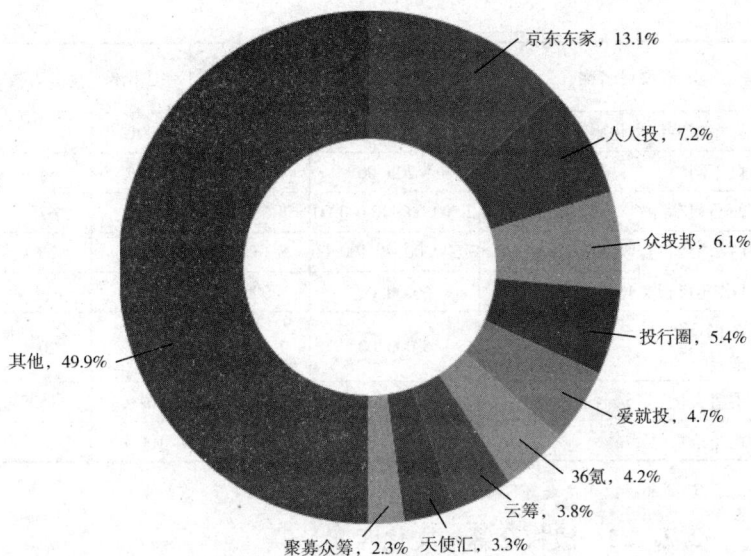

计算公式:股权融资市场份额=各股权融资平台实际交易额/众筹市场实际交易量

图 2.7　2015 股权众筹市场份额

(3)知名创新项目统计

2016 年成功实现股权众筹融资的 10 项创新项目如表 2.6 所示,文化传媒类创新项目占据 40%的份额,其中"国内大型互联网电影公司股权投资项目"成功融资 11 700 万元,高居首位。

表 2.6　股权类创新型项目前十一览表

项目名称	目标融资额(万元)	实际融资额(万元)	完成比例	投资人数
国内大型互联网电影公司股权投资项目	10 000.00	11 700.00	117%	—
精品三号	11 000.00	10 170.00	92%	2

续表

项目名称	目标融资额(万元)	实际融资额(万元)	完成比例	投资人数
棕榈旅游信息化服务平台	9 300.00	9 300.00	100%	—
豆丁网	8 205.00	9 045.00	110%	34
凹凸租车	2 500.00~10 000.00	8 880.00	355%	62
启赋资本"互联网＋"基金	7 600.00~9 100.00	8 137.00	107%	20
J公司影视文化公司投资项目	6 000.00	8 000.00	133%	
奇虎360:下一支私有化妖股来袭	5 000.00	7 340.00	146%	20
中盛文化	7 000.00	7 100.00	101%	15
花花草草	7 000.00	7 000.00	100%	—

数据来源:《中国众筹行业发展报告2016》

2.2.1.2　股权众筹与文化匹配

根据精神生产的一般规律,人的感性元素和理性能力皆可产生职业附加值,形成知识生产力。作为倾注人的感情、智力和体力的精神产品,不仅可通过知识产品的销售获得实际效益产出,而且可以为实体经济的发展提供源源不断的灵感推动力。文化传媒项目属于精神生产范畴并具有创新性强的特点,"无实体资产抵押式"及其盈利难以具体量化,故传统的金融投行中介机构并不青睐这一领域。而且诸多文化传媒创新项目从产品研发到后期推广能否跟上消费者的审美与价值文化观念也是未知,故企业面临的市场筛选危机一直不容小觑。以影视行业为例,每年约700部影视作品推向市场,然而其盈利性只有10%,业内人士表示,对电影作品的投资有50%会出现亏损。胡慧源(2015)发现,文化产业的受众群体具有分散性,文化产品宣传的氛围还需要在大众群体意识中进行提升;且国内影视剧市场仍旧存在产业链利润分配不均、后期制作成本高、缺乏原创优质项目与作品公关危机等诸多限制性条件，并且由于文化传媒产品负载的意识形态，其在面临内容审查与播出上映环节时还存在着政策风险。为更好地分散项目早期投资风险，立足于产品生产分销不同阶段对资金的需求，引入众筹模式是一种可行选择。

影视文化作品早期借助众筹平台融资，除了募集到项目启动金外，还存在不可忽视的发展优势，诸如：（1）成本优势。与"互不信任"经营成本相比，文化传媒创新项目的最大优势就是基于互相信任基础上的成本优势（姚余栋，2015）。股权众筹平台将小额资金聚集起来，激发"滚雪球"似的帕累托最优产出，并在极为松散的利益分配机制下获得特定的机会收益。（2）市场优势。做到提前宣传作品，探测市场消费者的偏好程度。通过众筹平台使发起人对项目的风险有更为理性的判断，有利于其后期不断完善产品，提升其质量。（3）技术优势。股权众筹模式能够集中反映第四次科技革命浪潮尖端技术特点，是一种极具技术竞争优势的金融资产组合模式。（4）政策优势。在弘扬本民族优秀文化的倡导下，主张大力发展文化创新项目股权众筹融资模式，并于 2016 年在证券法中明确增加公募股权众筹的豁免。基于互联网金融的发展，其长尾效应能为文化传媒企业带来众多的参与用户，众筹给文化产业带来的收益已远高于单纯的资金融通，通过微资本的利益联结打造新型的"人与资本 VS 创新孵化平台互哺"机制，将深层次影响文化传媒类产品的研发制作传播流程和供需对接形态。

2.2.1.3　新三板对股权众筹的激励

资本市场是重要的直接融通渠道,将金融体制与产业创新集结于一体,具有联结要素、规避风险、项目孵化与资本互通流动等职能。萧琛(2014)指出,与中国金融市场相较,美国资本市场体系发育健全,主板上市企业 2 558 家,纳斯达克上市企业 2 686家,OTCBB 与 OTC 市场拥有企业数超过 1 万家。美国企业构成中有 98% 的中小企业,大量中小企业占据了美国私募股权交易市场,资本市场与公司结构之间具有明显的"双倒金字塔"结构。而据国内中商产业研究院大数据显示,截止到 2016年12 月底,国内新三板挂牌企业总数飙升至 10 000 家,挂牌企业共计拥有 5 697.73 亿股,可流转股本 2 324.47 亿股。新三板交易方式中,选择做市交易模式 1 636 家,协议交易模式 8 354 家,创新层企业 952 家,基础层企业 9 048 家,创新层企业 + 做市企业共 636 家。文化传媒类小微企业挂牌新三板之后虽然扩大了融资平台,但每年仅约 20% 的企业实现成功融资,而剩余的企业一直徘徊在资本市场的门外。究其原因,在我国"正金字塔"(图 2.8 所示)资本市场体系中,以沪深为首的主板市场机制建设完善,而创业板上市公司数量有限,场外市场发育较晚,区域性股权交易市场迫切需求有序交易规则与体系,且新三板挂牌公司大多为初创期企业,出于自身利益考虑,投资者所能卖出的股份有限;同时,股份转让系统交易仍然采用场外柜外交易方式,由交易双方商议股份数量、股份价格,达成一致后签单,高门槛、挂牌慢与交易过程繁琐等是新三板市场不活跃的重要原因。

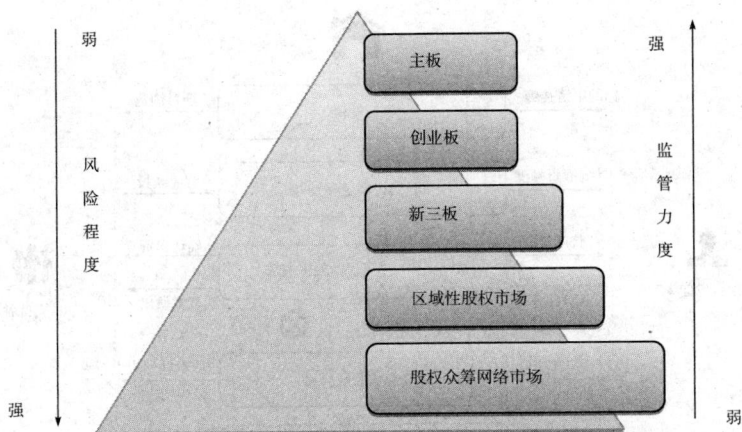

弱　　　　　　　　　　　　　　　　　　　　　强

风
险　　　　　　　　　主板
程
度　　　　　　　　创业板　　　　　　　　　监
管
　　　　　　　　新三板　　　　　　　　　　力
　　　　　　　　　　　　　　　　　　　　度
　　　　　　区域性股权市场

　　　股权众筹网络市场

强　　　　　　　　　　　　　　　　　　　　弱

图 2.8　国内证券市场体系

徐小俊(2015)表示将股权众筹运用到新三板中具有重要的现实意义。借助开放式股权众筹服务平台,为已挂牌或亟待挂牌的文化传媒创新项目拓宽了新的融资渠道,实现资源互通有无。通过平台筛选,优质项目将全方位、零距离地向支持者展示,让投资者了解企业当前融资诉求,并让其"角色扮演"参与到企业的产品研发、上线以及销售阶段,减少创新项目不必要的成本浪费,促进融资质量高效完成,有益于提升新三板企业的融资功能。"鲶鱼效应"使以股权众筹模式为代表的普惠金融倒逼传统融资领域,适度良性竞争有利于双发展,不断发现市场缺陷,完善金融产业体系结构。

2.2.1.4　股权众筹平台运作流程

项目发起人、支持者与众筹平台是股权众筹模式运作环节中三个重要的参与主体。本章以华人天地创新项目股权众筹依托平台——众投邦为例,分析其运作模式,主要业务流程如图2.9所示。

众投邦

| 标的申请挂牌 | 平台审核 | 项目浏览 |
| 计划筹资额度 | 审核通过确定领投方 | 意愿认投 |

项目发起人

| 获得融资 | 成功融资 | 融资失败 | 确认出资 |
| 项目撤回 | | ⊗ | 资本撤出 |

支持者

| 控制并运营项目 | 成立合伙有限公司 | 监管项目提供意见 |

| | 获利退出 | 获得股权及分红 |

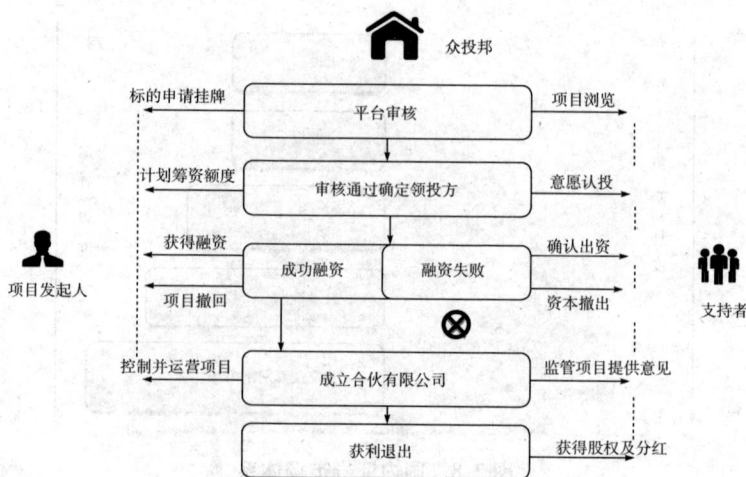

图2.9　众投邦运作模式

在众投邦平台中,单个创新项目股权众筹支持者人数不得超过50人,平台推行"领投 + 跟投"模式。只有具备专业知识与丰富从业经验的天使投资人或机构才能申请成为领投人,且项目线上融资过程中,必须确定一名领投人,否则视为众筹失败。如果有多方表达领投意向时,需项目方进行最后的确定。领投人需要对发起项目进行尽职调查、市场风险评估、有无潜在竞争者等,并将信息公开披露于平台内,且单个项目投入资金的额度不得低于总筹资额的20%(含20%);项目众筹完成后,领投人还需负责投后管理事宜及一系列企业重大决策。众投邦众筹时限为90天,支持者资金一旦认购即被冻结直至融资结束后方可退回。若单个项目筹集额度(不包含申请退出的资金)未超过预计额度的50%,则本次众筹失败;若募集额度超过50%(含50%)但小于80%,此时需项目发起方调整公开出让股权份额,依据调整后的股权比例实行,不同意则视为本次众筹失败;若募集额度超过80%(含80%)但小于100%,需要由领投人补足剩余额度,并将这一信息真实完整披露给所有支持者。项目成功实现融资后,领投人与其余支持者以GP+LP形式成立有限合伙企业进驻公司董事会,实际融资额汇入成立的公司账户中,再由企业分阶段向项目发起人汇款,如表2.7所示为众投邦部分最新成功项目。

表2.7 众投邦最新成功创新项目

序号	项目名称	计划金额(万元)	实际金额(万元)	起投金额(万元)
1	华人天地	2 800	2 962	20
2	财富森林	1 000	1 075	50
3	辛巴达旅行	2 400	2 455	20
4	易飞华通	600	1 350	20
5	幼教互动平台	1 810	2 266	20
6	天映航空	3 000	3 002	20
7	中财华路商学院	1 000	1 004	10
8	牙邦科技	1 500	3 310	20
9	切糕王子	1 500	1 543	10
10	果辉足球	1 000	1 782	10

数据来源:依据众投邦网站整理 http://www.zhongtou8.cn

2.2.2 华人天地股权众筹创新项目成功因素分析

由于目前股权众筹这一融资方式应用于新三板定增的企业还较少,华人天地股权众筹创新项目的成功融资经验在我国具有特别的研究和借鉴价值。其中,项目发起人、支持者和股权众筹平台作为股权众筹的三个重要参与主体,在融资过程中均发挥着不可忽视的作用。因此,本章从三个维度对华人天地股权众筹创新项目融资影响因素进行剖析。

2.2.2.1 基于发起人视角

(1)新三板对接股权众筹,开通更畅通的投融资渠道

华人天地于 2014 年 9 月在新三板成功挂牌后,次年 2 月和 5 月借助众投邦股权众筹平台进行开放式定向增发融资;尤以 5 月,支持者以 20 万元作为起投额,上线仅 19 小时,就完成了 1 950 万元的融资份额。可以发现,华人天地以其具有的投资价值与较低的感知风险,获得众多意向投资者的青睐。就感知风险而言,目前国内参与股权众筹融资的创新项目大多为研发期或初始上线期等,其未经过证监会、知名券商与专业评估机构等监督和统一规范,存在较多的漏洞,无形中增加了项目支持者投入资金风险。而处于新三板挂牌的企业——华人天地项目引入股权众筹这一融资模式,徐小俊(2015)认为恰是新三板市场为股权众筹模式提供了保障(如表 2.8 简述二者准入门槛)。因为一方面,挂牌企业的法律地位与监管体制更具有优势,项目支持者持有的股份可通过竞价、议价等方式进行流通转让,潜在保护支持者的利益;另一方面,新三板定位于成长型、创新型小微企业,这与股权众筹线上融资项目有异曲同工之妙,实现资本市场与实体经济高度匹配,获得更大的收益;最后也为项目发起者在基于互联网投融资信息服务平台之上,进一步让更多的项目支持者了解企业文化形象与潜力,并投身于企业的发展规划中,无形中利用自己的关系网宣传了企业品牌,促成投融资高效对接,大大提高了融资效率,有助于推动大众创业、万众创新。

表2.8　新三板与股权众筹投资门槛比较[1]

	全国股权转让系统新三板	股权众筹模式
服务对象	创新、创业、成长型小微企业	富有创意与前景的项目
投资者结构	机构、高净值自然人投资者为主	
	投资者门槛：机构500万元，个人500万元	投资者门槛：金融资产不低于100万元或近三年个人年平均收入不低于30万元（个人）
交易方式	协议转让、做市商、竞价灵活选择	线上认投＋线下集中管理

（2）潜力良好的创新项目，是股权众筹融资的奠基石

华人天地作为文化传媒行业一家具有成长性的文化制作公司，以其良好的财务表现和紧随市场需要的业务拓展模式，在不断发展中拥有更大的空间去选择融资方式，成为众位投资者关注的热门重点。电影、电视剧产业正在蓬勃发展，2016年全国电影总票房为457.12亿元，同比增长3.73%，国产电影票房为266.63亿元，占票房总额的58.33%[2]。观影（剧）用户成倍增长及高利润的驱动，使资金迅速集中于该行业。2013—2016年，华人天地主营业务收入一直持续增长，翻值近3倍，毛利率保持在62%左右，主营业务成绩不俗。

可以发现，公司在业务经营方面存在着如下优势：在影视投资拍摄以及后期制作方面，拥有影视界资深团队资源，影片剪辑技术可谓业务招牌，能满足客户的多样化需求，以其优势构建完整产业链；企业凭借良好的企业形象，把握着业内关键资源、人脉与畅通合作渠道，为影视剧投资、制作、宣传营销和协助推广

①表格参考：易三板研究院 http://www.yisanban.com
②国家新闻出版广电总局电影局 http://www.sarft.gov.cn/

等等。另外,华人天地拥有着较好的人力资本。Gompers, Kovner 和 Lerner(2009)将人力作为一个重要研究因素,表明公司融资的业绩很大程度上取决于该管理团队的专业化程度。Alvarez 和 Parker(2009)同样进行了规范研究,发现项目管理团队的阅历为企业股权融资做出了巨大贡献。其资深制作团队与项目团队,如金牌制作人张纪中,为全国观众带来了《射雕英雄传》《天龙八部》等一部部优秀影视作品;董事长张津拥有 15 年以上的工作经验,参与多部影视剧制作,曾荣获第 22 届中国电视剧最高奖"飞天奖"最佳剪辑奖。融资创新项目拥有较好的人力资本,能赢得支持者的信任。而且,企业的财务现状也是支持者投资的关注点。支持者在选投项目时,往往会关注企业创新项目所处的现阶段。国内平台一般将融资项目划分为5 个阶段:尚未启动、产品开发中、产品上线、已取得收入和实现盈利。根据信号传递理论,资本市场中股权众筹创新项目会向支持者传递积极抑或消极的信号,项目较强的盈利能力能增加支持者信心,以期获得高额的回报而纷纷进行投资,而且也预示企业拥有较好的偿债能力。华人天地近三年一直处于盈利期,Stanko 和 Henard(2016)也表示,已经盈利项目的发起人更多关注的是财务融资目标的实现。创新项目线上众筹时,支持者的全程参与度较高,更愿意与发起人分享意见,无形中提升了项目的创新性与市场融合度。

(3)风险保障——回购机制,减轻支持者的后顾之忧

以往的股权众筹创新项目缺乏相应的退出机制,这成为项目能否成功融资的制约因素之一。股权众筹创新项目支持者关心的不只是投资后的项目盈利问题,更是项目投资的风险问题,

一旦面临企业经营失败抑或是发起人恶意欺诈,现有条件下支持者难以获得有利投资保障。而新三板企业开启了股权众筹创新项目退出的新渠道,其投资后实现的利润,退出的便捷性,都在一定程度上保护了中小股东的权益。华人天地创新项目在进行融资时为定向增发的股份设置了回购条款,为项目支持者提供了强有力的刚性兑付条件,意味着支持者投资的代理成本大幅降低,具有清晰明确的债券,且有法定的追尝权利及相对靠前的清偿顺序。企业在回购条款中明确提及,若 2015 年度未达成税后净利润 2 500 万元,以及收益率较上年同期相比未增长50%的两项条件,公司将以每股 18 元回购 4 名投资人(张纪中等)的股份,对于其余在册股东同样承担连带清偿责任。华人天地为支持者提供了企业大股东或管理层回购、后续风险融资环节套现股权、兼并收购等传统退出渠道,同时由于华人天地新三板挂牌企业的身份,项目投资者还可通过新三板市场进行股权流转和股权质押融资变现方式的退出,极大程度上避免了投资者清算过程中的交易障碍与财物损失风险。

2.2.2.2 基于支持者视角

作为股权众筹的三大主体之一,支持者对华人天地创新项目融资成功有着不可忽视的影响。甄烨等(2016)收集国内演艺类众筹项目数据,发现在项目众筹期内支持者人数变动呈现小"U"形,即项目前期筹集到的资金量随时间推移递减,而至融资后期又表现为上升趋势。本论文选取样本众筹项目时间为2016 年 1 月 1 日至 2017 年 1 月 31 日,根据对各大知名众筹平台的比较,选择研究样本为支持新三板线上股权众筹融资的"众投邦"与"投黑马",融资期限为 90 天,各被研究变量能较为统一,部分数据通过手工收集而得,共获得109家样本公司截面数据。

本章检验的模型设计如下:

回归模型1

$$C - funding = \alpha_0 + \beta_1 LnValue + \beta_2 Equity + \beta_3 InMoney + \beta_4 Interation + \delta_1 Term + \delta_2 Place + \delta_3 Industry + \varepsilon$$

回归模型2

$$C - funding = \alpha_0 + \beta_1 Lead + \beta_2 LnValue + \beta_3 Equity + \beta_4 InMoney + \beta_5 Interation + \delta_1 Term + \delta_2 Place + \delta_3 Industry + \varepsilon$$

(1)被解释变量。本章参照郑海超(2015)、张小涛(2014)、骆祚炎(2015)等的研究,以融资完成率($C - funding$)作为创新项目融资质量的因素衡量,以公司获得投资总额/融资目标测度,其中获得投资总额是指支持者从项目认投至融资结束这一阶段中投入的总金额。

(2)解释变量。①外部因子:Ⅰ.领投人($Lead$)。借鉴邱勋和陈月波(2014)对股权众筹领投人的定义,若创意性项目在融资中引入领投人,$Lead$取1,否则为0;Ⅱ.项目估值($Value$)。即项目筹资所达到的目标金额与企业出让的股份之间的比例关系,为减少对统计数据的影响,取自然对数,单位是元;②内部因子:出让股份($Equity$)。具体表现为创意性项目在众筹平台公开出让的股份数额;③社交因子:以支持者意愿认投金额($Money$)、项目发起人与支持者在融资阶段之间的评论以及动态更新($Interaction$)作为这一指标衡量。认投金额取自然对数,单位为元;评论及动态更新单位为条。

(3)控制变量。控制变量包括融资项目时间长度($Term$)、

企业所处地区($Place$)和项目所属行业类型($Industry$)。模型 1
与模型 2 中,α 为常数项(截距),β、δ 为回归系数,ε 为随机扰
动项。

相关变量定义如表 2.9 所示。

表 2.9　相关变量定义

变量名称		变量符号	变量定义
$C - Sectional$ A:被解释变量			
股权众筹融资完成比率		$C-funding$	筹资总额与融资总额之间的比值
$C - Sectional$ B:解释变量			
外部因子	领投人选择	$Lead$	虚拟变量,项目是否有领投人,"1"有领投人;"0"不存在领投人
	项目估值	$Value$	对赌衡量企业价值大小,由融资目标与出让股份数额计算,取自然对数
内部因子	出让股数	$Equity$	企业股权众筹出让股份额
社交因子	认投金额	$Money$	支持者根据意愿投入金额的自然对数
	评论与更新	$Interaction$	动态个数,可以反映项目的更新执行情况及企业与支持者之间的互动
$C - Sectional$ C:控制变量			
融资周期		$Term$	从项目开始融资到项目退出时间跨度
企业所在地		$Place$	虚拟变量,"1"代表筹资企业位于北京、上海、广州与深圳;"0"均代表其他地区
融资行业		$Industry$	虚拟变量,"1"代表 PC 互联网、移动互联网、IT 技术等高新技术产业;"0"代表非高新技术产业

变量描述性统计见表 2.10。在外部因子中,创新项目融资
完成比率($C-funding$)最大值为 2.23%,最小值为 0.02%,标
准差达到 0.40%,同一平台之间的上线项目融资质量存在较大
差异。项目估值($Value$)均值为 16.20,中位数为 16.12,标准差
为 0.90,以及支持者认投金额($Money$)均值为 13.80,中位数为
13.85,标准差为 0.86,对项目估值取对数之后,有效减少了数

值规模量对统计结果的影响。支持者与项目发起人之间的互动
(Interaction)最小值为 0 条信息，最大值达到 464 条信息，平均
信息量有 35 条，与标准差有一定的差距，可以发现不同企业之
间的互动性存在较大的波动。项目融资时间长度平均为 30 天，
行业均值为 0.64，可知创新项目当前多为移动互联网与 PC
产业。

表 2.10　描述性统计

变量	均值	中位数	标准差	最小值	最大值
$C - Sectional$ A:被解释变量					
$C - funding$	1.052	1.03	0.399 723 6	0.02	2.23
$C - Sectional$ B:解释变量					
$Lead$	0.806 201 6	1.00	0.396 813 9	0.00	1.00
$Value$	16.199 78	16.118 1	0.889 416 8	13.122 36	18.890 68
$Equity$	0.113 409 3	0.10	0.772 645	0.005	0.40
$Money$	13.799 13	13.845 07	0.864 536 2	9.210 34	15.633 59
$Interaction$	34.837 21	23.00	48.423 23	0.00	464.00
$C - Sectional$ C:控制变量					
$Term$	29.829 46	23.00	26.143 27	1.00	169.00
$Place$	0.333 333 3	0.00	0.473 242 4	0.00	1.00
$Industry$	0.643 410 9	1.00	0.480 859 4	0.00	1.00

　　为消除异方差影响,本章采用加权最小二乘法对模型进行
多元回归,回归数据均为全样本,各解释变量对股权众筹融资完
成比率的回归分析结果见表 2.11。

表 2.11　回归分析

变量	模型 1			模型 2		
	预期符号	回归系数	T 值	预期符号	回归系数	T 值
($constant$)		0.745 084 8	—		1.164 119	—

变量	模型 1			模型 2		
	预期符号	回归系数	T 值	预期符号	回归系数	T 值
Lead				+	0. 270 206 7	2. 76 **
Value	−	− 0. 273 262	− 6. 64 ***	−	− 0. 316 033 6	− 7. 35 ***
Equity	−	− 2. 472 499	− 5. 58 ***	−	− 2. 727 997	− 6. 18 ***
Money	+	0. 360 030 7	10. 77 ***	+	0. 395 036	11. 31 ***
Interaction	+	0. 002 197 2	4. 39 ***	+	0. 001 810 1	3. 57 ***
Term		− 0. 001 951	− 1. 98		− 0. 001 510 5	− 1. 50
Place		0. 064 161 8	1. 16		0. 028 443 4	0. 48
Industry		− 0. 001 951	− 0. 06		− 0. 029 706 9	− 0. 51
Adj R − squared	0. 507 1			0. 532 6		
F 值	19. 81			19. 23		

注：*、**、*** 分别表示在 10%、5%、1% 的水平上显著。

　　根据截面数据的回归结果，我们发现：专业的天使投资人带来的“羊群效应”不容小觑，并为线上创新项目注入融资新动力。模型 2 加入领投人因素，可以发现领投人（*Lead*）的存在对于企业项目的融资有正向影响，在 5% 的水平上具有相关性，促使融资完成比率提高 0. 27，并且对各因素都有较好的约束作用，这同已有的研究相一致；华人天地创新项目上线初始，引入知名投资机构——文投国富与国富金源，光大证券作为签约券商，随后吸引了大量的跟投人对项目进行询价并投资。因为华人天地信息反馈客观上是属于单向性的，而文投国富与国富金源往往在独立的调研和判断之后会向跟投人解析项目公司的估值、投资额等重要信息，以减少跟投人在认投项目时信息不对称的风险，增强跟投者的信心。如表 2. 12 所示，我们用一个简单的表格显示领投人与企业项目融资成功与否之间的关系。平台显示,当支持者投入的资金数额大于等于企业筹资额时,项目被视为融资成功。(Pearson Chi – Square = 87.80, $p < 0.001$)。

表 2.12　项目存在领投人情况

	项目是否有领投人	
	有	无
筹资成功	71	13
筹资失败	17	8

企业项目估值(*Value*)是否会影响众筹融资完成比率。在模型中,自变量项目估值在 1% 的水平上显著与融资比率相关,且与融资完成比率显著负相关,项目估值在一定数额上会使融资完成比率下降 0.32,这在一定程度上说明企业在融资中对项目估值过高不利于企业融资项目的完成,使支持者产生高估值高风险的预判心理。华人天地创新项目在 2014 年 5 月项目估值为 40 000 万元,均衡于业内企业,虽然华人天地已处于盈利期,然而在研究数据样本中,已处于盈利期的项目仅占22.48%,而绝大多数项目仍旧处于上线阶段或初有收入。因为过高的估值与产品真正投放市场之后能否达到相一致的水平,会使支持者的认投更具谨慎心态,无形中流失大量的投资商。模型拟合度达到 0.53,说明模型比较可靠。

项目内部因子同样有所反馈。出让的股份数额(*Equity*)同样会对融资完成比率产生影响,呈现显著负相关。企业出让 1% 的股权,会使融资完成率下降 2.73,表明管理团队出让过多的股权份额并不会对项目的认投产生积极影响。我们发现,大多数通过众筹平台进行融资的多为成立不久,进行 A 轮筹资的新兴企业,企业管理团队早期出让过多的股权,日后再进行 B 轮、C 轮等融资时可能出让的股权就会相对减少,这不但会降低创始团队对公司的控制权,而且也对支持者侧面反映研发项目预期投放市场的不确定性,使支持者丧失投资的信心。样本研究数据 A 项目出让 40% 的股权,而其融资完成率仅达到 58%。

最后,不可忽视的社交因子。项目认投额($Money$)与评论和更新($Interaction$)都呈现强烈的正向显著相关性,支持者对项目的意愿认投金额与发起人每一条积极的回应信息会促使融资质量提高 0.40、0.002。究其原因,创新项目的优质性吸引了大批支持者视线,平台宽松言论环境使发起人及时更新项目动态以及反馈企业运营现状,这为支持者传递了一个良好的创业团队形象以及对外部创意开放度信号,多方共同促进线上项目成功融资。

2.2.2.3 基于众筹平台视角

华人天地创新项目此次股权众筹融资依托平台为众投邦,专业化的服务平台为企业的融资过程提供强有力的后盾,提高其融资质量。

(1)专业化一站式服务平台,为文化传媒创新项目提供综合性服务

众投邦于 2014 年 1 月在互联网上线,以新三板、VC 期股权融资为平台,积极引入拥有资深行业经验的领投人,以服务国内预计或已于新三板挂牌的企业为业务中心。2015 年 1 月该股权众筹平台成为首批(8 家)中国证券业协会股权融资平台会员单位。同时,众投邦抓住机遇,乘着互联网金融高速发展的东风,通过两年时间,跃居行业第三,完成股改拟挂牌新三板,获两轮投资,引入六大实力派股东,如清科集团、创富志、国富金源投资和东方财富证券等专业金融中介机构,为各个创新性融资项目

提供强有力的领投资金保证。2016 年 3 月,众投邦股权众筹平台获得互联网金融协会股权众筹领域首批理事单位殊荣。截至 2017 年 2 月 28 日众投邦注册用户 54 483 人,完成融资 1 231 100.00 元。在互联网金融高速发展的今天,众投邦遵循股权众筹垂直专业化发展模式,努力打造行业生态链及提高落后能力,在建立自身核心竞争力和打造品牌特色的同时,为文化传媒类小微企业提供更专业的综合化服务。伴随着文化产业与互联网信息平台的相结合,华人天地协同多元化投融资、信息集成和发布于一体的综合化服务平台,华人天地不仅可以募集到因业务规模拓展所需的资金支持,而且还有助于将企业现有的资源二次聚集,实现项目交易配对、企业培育发展、跨界融合和集成创新等功能,从纵向与横向维度完善文化资源整合。

(2)"领投 + 跟投"模式,降低投资人感知风险

在我国股权众筹交易结构中,具有独特的"领投 + 跟投"模式,即作为大众化的"草根支持者"与具有天使投资等经验,拥有较丰富的行业资源的投资人组成联合投资体,共同向领投人发掘出的项目进行投资。赵尧、鲁篱(2015)发现,在当今互联网金融时代中,领投人能起到很好的"金融脱媒"的作用。文投国富与国富金源在其中负责华人天地项目估值、尽职调查与进行投资后管理,并以实际投入金额(最低为项目融资额度5%)在其后企业盈利中获得分红,作为投资回报。由于文投国富与国富金源能运用其专业知识与素养对项目进行科学合理的评估,很大程度上降低了其他支持者的专业门槛,这意味着跟投人哪怕不具备深厚的专业知识与风险判断力,只要选对领投人,也能获得较好的投资收益。这表明,相对于没有领投人的项目而

言,领投人对企业创新项目融资完成质量的影响更为显著。

(3)新媒体运营和移动 App 客户端,提升用户黏性

众投邦众筹平台重视全媒体运营以及客户端 App 开发,实行线上线下双重运营模式,用户仅通过移动终端便可知晓华人天地创新项目融资的最新进展状况,并与发起人进行互动,这在无形中提高了融资项目的关注度,并宣扬了企业品牌文化。平台微信公众号粉丝数现已突破 6 万,用户分别集中于文化传媒领域的创业者、相关从业者、文化投资人及投资机构、潜在赞助商、衍生品制造商等,并已入驻今日头条、新浪等九大知名新闻客户端。在移动传媒化的时代,开发移动客户端客户资源也是众投邦的竞争点,通过多位一体的宣传打造,提升用户的黏性。据调查,众投邦成功融资项目中有 20% 的支持者是无意识浏览了移动客户端新闻。

(4)股权众筹 O2O 模式,提高投融资双向匹配

每位潜在支持者在寻找项目时所怀有的目的不尽相同,众投邦平台适当引入 O2O 模式,以实现融资质量的高效匹配。目前支持者在寻找投资项目正处于新老方式并用的过渡阶段,部分支持者沿用传统线下方式的同时,更多支持者正在探索高效线上信息获取方式。相对应地,众投邦与线下孵化器机构建立合作机制,并在线下挖掘优质创新项目放在线上发布推荐给支持者,通过互动沙龙及路演的方式,快速高效促成华人天地股权众筹创新融资项目。

(5)构建完备投后管理机制

郑海超(2015)表示,每一位项目支持者在与发起人沟通时,"我该如何保障我的资金安全"是提及最多的问题之一。融

资创新项目大多为小微企业初创期的创意,众投邦拥有强大的培育与孵化能力,早在创新性项目上线之初为融资项目设计了一套完善投后管理机制。华人天地创新项目在融资结束之后,以领投人为首成立有限责任企业入驻企业董事会,并选择知名专业的券商——光大证券对公司进行资金流等风控把握,对于每一笔资金流向都进行必要的咨询及检控,并定时进行强制性公开披露,以保护众多中小投资者的切身利益。众投邦简化却又保证融资程序,减少融资项目不必要的中介开支,促进企业融资质量达标。华人天地实现挂牌新三板之后,转而再次依托众投邦进行二轮、三轮定增募资。

2.3 华人天地股权众筹创新项目风险性因素分析及对策

上节从三个维度对影响华人天地股权众筹创新项目融资质量的因素分析中可以看出,作为互联网金融时代下的新兴金融模式,企业依托众投邦平台实现高质量融资,然而华人天地融资背后潜在的风险因子不容小觑。本节将采用层次分析法对华人天地创新项目所面临的风险进行评估,分析社会大环境、发起人、支持者与平台的影响程度并比较,并给予具有实践意义的防范对策和建议。

2.3.1 风险因子检验分析

(1)确定目标因子及相应指标,如图 2.10 所示。

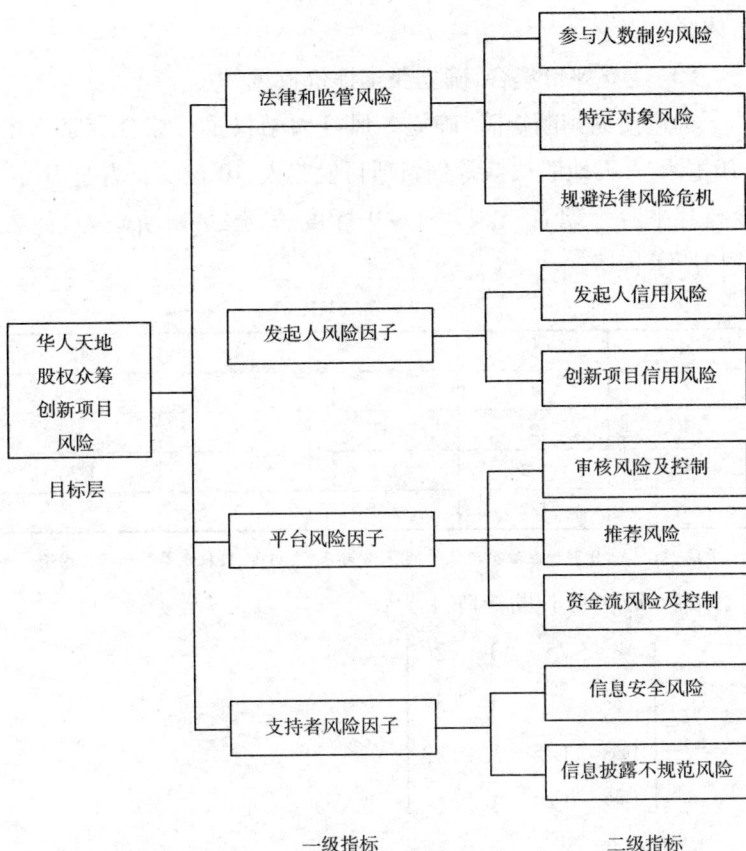

图 2.10　指标设计

（2）评估指标体系的建立

模型以指标等级评分法为主体,依据风险因子权重赋予各级指标相应分值。依据二级指标对该项指标的影响程度进行评分,各二级指标的分值加总即为华人天地股权众筹创新项目风险指标评分值,本节选取一级风险因子指标(法律与监管风险、发起人、支持者、股权众筹平台)和 10 项二级指标来构建风险指标评价体系。

（3）建立评价集合，确立要素评价权重

构造模糊判断矩阵，确立各风险因子权重。综合专家意见（10 位华人天地股权众筹创新项目发起人、10 位支持者与 10 位众投邦平台管理者），采用 1～9 标度法，建立判断矩阵，如表 2.13 所示：

表 2.13　判断矩阵

A	A_1	A_2	A_3	A_4
A_1	1	5	3	2
A_2	2	1	5	3
A_3	1/3	1/5	1	1/3
A_4	1/2	1/3	3	1

注：A_1～A_4 分别代表法律与监管风险、发起人、支持者、股权众筹平台风险因子。

即一级指标判断矩阵 A 为：

$$U = \begin{bmatrix} 1 & 5 & 3 & 2 \\ 2 & 1 & 5 & 3 \\ 1/3 & 1/5 & 1 & 1/3 \\ 1/2 & 1/3 & 3 & 1 \end{bmatrix}$$

同理可得：

$$U_1 = \begin{bmatrix} 1 & 1/3 & 1/5 \\ 3 & 1 & 1/2 \\ 5 & 2 & 1 \end{bmatrix} \qquad U_2 = \begin{bmatrix} 1 & 3 \\ 1/3 & 1 \end{bmatrix}$$

$$U_3 = \begin{bmatrix} 1 & 1/2 & 1/5 \\ 2 & 1 & 1/3 \\ 5 & 3 & 1 \end{bmatrix} \qquad U_4 = \begin{bmatrix} 1 & 1/5 \\ 5 & 1 \end{bmatrix}$$

在矩阵 A 中,其最大特征根 $\lambda_{max} = 4.06$,最大特征根对应的特征向量为 $\alpha = (0.27, 0.48, 0.08, 0.17)$,即一级风险因子指标 $\{A_1, A_2, A_3, A_4\}$ 相应的权重分别为 0.27、0.48、0.08、0.17。同理可得,矩阵 U_1 的最大特征根为 3.09,各因素权重为(0.15,0.33,0.52);矩阵 U_2 的最大特征根为 2.15,各因素权重为(0.60,0.37);矩阵 U_3 的最大特征根为 3.09,各因素权重为(0.16,0.26,0.57);矩阵 U_4 的最大特征根为 2.34,各因素权重为(0.31,0.69)。

(4)一致性检验

对于矩阵 U,其 $C.R. = 0.02 < 0.1$,表明该判断矩阵通过一致性检验。同理 U_1 的 $C.R. = 0.08 < 0.1$,U_2 的 $C.R. = 0 < 0.1$,U_3 的 $C.R. = 0.096 < 0.1$,U_4 的 $C.R. = 0 < 0.1$,因此判断矩阵皆满足一致性检验。

(5)检验性结果分析

①一级指标分析

在本章设定的四个一级指标中,发现发起人风险因子权重最高,其次是法律与监管环境风险因子,再次是支持者风险因子,最后是平台风险因子。

②二级指标分析

发起人风险因子中尤以发起人信用风险影响最大,其次为创新项目信用风险,需引起高度关注。对于法律与监管风险而言,最为关键的因素是规避法律风险危机,支持者风险因子中信息披露不规范风险尤为突出;最后平台风险因子中,资金流风险及控制处于相对重要的位置。

综上所述,通过层次分析法对一级和二级指标的分析,得到一个概述性结果。对于华人天地股权众筹创新项目潜在的风险因子,需进行有重点又较全面的宏观把控。

2.3.2　基于发起人融资项目风险及控制

基于华人天地股权众筹创新项目的信用风险包含发起人信用风险与创新项目自身信用风险两个方面。

2.3.2.1　发起人信用风险

发起人信用直接决定项目信用风险的高低。华人天地的发起人信息,是由众投邦融资平台进行审核。在整个融资过程中,众投邦平台饰演了证券交易所一角,将传统金融中介机构企业融资过程中严密的审核程序压缩与精简化,一定程度上豁免财务审计报告和法律方面的规制和审查,减轻了华人天地的信息披露成本负担。然而与专业的信用评估机构相比,华人天地股权众筹创新项目风险信息无法完全获取;且国内股权众筹融资数据库尚未实现央行征信系统联网,无法客观地评价创新项目发起人信用;同时,股权众筹融资的违约信息尚未计入央行征信系统中,项目发起人即使未按照契约承诺支付投资报酬,也不会影响其在央行征信系统中的记录,使得项目发起人违约成本低而收益巨大,埋下了发起人信用风险隐患。甚至有部分创新项目为获得领投人青睐和提高融资质量完成率,夸大项目的描述,粉饰财务数据,采用特殊的宣传标语来误导项目参与者,这都将有损跟投者的利益。

因此,作为发起人,一是从融资起始到结束都要保证项目的真实性与完整性,重视企业信用形象,杜绝欺诈行为;二是企业团队保持对市场的高度关注。文化传媒产品的特质性要求华人天地务必时刻抓住消费者最新需求及审美品位,在影视产品独特性上做足功课,从众多作品中脱颖而出。为进一步规避信用风险,众投邦作为三方平台可建立众筹融资数据库,丰富项目信用风险管理手段,完善股权众筹融资经营环境。通过建立股权众筹市场信用数据库,关联央行征信系统,控制项目发起人信用风险水平的同时提高其信用违约成本。

2.3.2.2　创新项目的信用风险

创新项目本身的信用风险决定经营阶段是否有可供分配的收益,对于影视公司来说,一直处于新作品的拍摄、后期制作和推广之中。华人天地股权众筹创新项目线上融资时,尚未完成剧本创作或已投资但尚未开拍的影视剧构成企业预付账款,正拍摄影视剧构成公司存货,尚未取得《电影片公映许可证》或《电视剧发行许可证》,即存货及预付账款在总资产中占有较高比例。且制作出来的作品是否能为市场和广大观众所需求及喜爱,是否能取得不俗票房成绩以及获得丰厚投资回报均存在一定的不确定性,如何在线上向支持者展现其真实的前景需要很大的能力。

2.3.3　基于大环境下法律与监管风险及控制

众筹之众是互联网之众,通过互联网平台,互不相识、有投资意愿的公众因一个富有创意与前景的项目聚在一起。从行为经济学角度看,大众支持者在项目选取过程中,由于专业水平的限制,往往会出现盲从和从众投资行为,如南海泡沫、郁金香狂潮与密西西比计划。从法律角度看,自 2013 年股权众筹在我国盛行以来,就面临着非法集资与非法发行证券红线危机。在《证券法》与《公司法》等法律规制下,众筹游走在诸如"非法吸收公众存款罪""集资诈骗罪"与"擅自发行股票、公司、企业债券罪"等法律边缘地带。

风险分析具体如下:首先,参与人数存在的制约危机。对于我国《证券法》中明文规定非公开股权众筹项目投资者最高不超过 200 人,国内众多股权众筹平台普遍通过转变商业模式来规避参与人数超额风险。例如,创新项目借助股权众筹平台进行融资时,在项目预热期结束后会积极引入领投人,"领投 + 跟投"模式将融资项目参与人数控制在 200 人以内。众投邦限定 50 人即为最多参与人数,华人天地首次公开线上融资领投 + 参与者一共 11 人,其他代表项目为金评媒、切糕王子和航空及竣工高端制造业项目①,也严格限定了人数。但是,这也意味着 1 000 万元的创新性融资项目,每位参与者最少需 5 万元的起投

---

①http://www.zhongtou8.cn/financing/

资金,出于鼓励增加"草根参与度"的考虑,可适当放宽人数的限定。

其次,特定对象危机。我国法律明文规定,禁止向"不特定"对象增发股票。依托互联网搭建起来的普惠金融网络,因开放性使志趣相投、有闲余资金的投资者参与华人天地股权众筹创新项目融资中,通过平台的一系列注册环节及个人审核即可成为"特定"跟投者。然而"不特定"向"特定"之间的转变只是模糊化的概念,相关部门并未给出明确的界定。

最后,规避法律风险危机。多数平台会采取相应的措施将法律风险分散化,2015 年国家出台的《指导意见》中明确证监会为股权众筹平台的监管方。从表面上看,股权众筹经营平台确实处于被监管环境,但是变相的分散化方式无论是对平台自身发展还是监管部门监督把控上来看都是不可靠的。周灿(2015)认为,管理监督机构应对股权众筹融资行为制定明确条文。彭冰(2009)进一步表示,除明令禁止的非法集资行为外,对于民间合理的资本需求活动应加以融通,进行正确的引导。

作者认为,我国股权众筹的法律在监管方面可适当借鉴美国 JOBS 法律中提出的小额豁免体制,为我国小微企业公开发行证券提供条件。JOBS 法律中提出的小额发行豁免制度,即累计 12 个月内项目发起人借助众筹渠道发行证券的总金额若在 100 万美元以内,可对发行的证券实施注册豁免。当企业公开发行数额较小而付出的成本却高于其取得的收益时,通过该制度来免于纷繁复杂的审核,减少成本支出。除此之外,华人天地作为一家文化传媒类企业,朱晓丹(2013)表示该行业的法律如版权质押制度与相关风险评估条文也需不断改进,以完善文化传媒产业的融资制度。

2.3.4　基于支持者角度的风险与对策

2.3.4.1　信息安全风险

技术风险也是股权众筹项目支持者面临的风险之一,其主要表现为内部控制风险和安全技术风险。互联网金融的发展依托的是电脑程序及软件进行基础业务操作、资金的流控等,首先,内部的访问授权管理制度的制定显得尤为重要。企业的内部管控不到位,可能存在企业内部错误的使用甚至滥用系统的情况,这一事件统计发生率在我国高达75%以上。如何做到事前有效防止误用,阻止滥用,同时监测业务是否正常有序运行,并且在问题出现后能够迅速地进行定位、取证分析、及时调整和整改,对众投邦提出了更高的技术能力要求。其次,系统的外围保障也不可忽视。黑客可利用平台系统存在的漏洞和缺陷非法进入平台窃取重要资料并进行危害性活动,导致互联网系统受到侵害之后无法正常运行。最后,计算机病毒可通过互联网迅速传递与扩散,若平台某个业务环节感染了病毒,将可能牵连其他业务平台进而破坏原始数据,甚至导致系统瘫痪。项目信息披露、资金信息的实时传播和获取是众投邦平台重要特征之一,而当由于信息安全漏洞问题导致平台业务交易迟缓、数据失真时都会造成虚假交易甚至引发更大的纠纷,这将给三方都带来巨大的经济利益损失。

2.3.4.2 信息披露不规范风险

金融市场交易中,融资方与投资方往往存在信息不对称的问题。积极寻求资金的融资方很可能被认为企业经营状况不善,由此存在逆向选择的问题。除此之外,投资方也担心资金的使用问题,大家出资后难免感到夜长梦多。如自己的资金是否会被按照契约条件使用,是否存在恶意欺骗诈取行为,自身受到损失。信息的不对称,会增加投资者风险感知意识,降低投资欲望与动力。为解决这一问题,众投邦平台往往会要求待融资项目如华人天地上线时必须披露企业发展现状、融资计划、企业经营财务数据、经营团队以及项目优势与预期市场占有度等,但是项目本身的信息不对称问题仍旧存在。首先,我国相关机构尚未披露股权众筹信息披露规范,国内各大股权众筹平台对项目披露信息的侧重点、信息量以及详细程度的要求往往都有所不一致;其次,虽然华人天地已取得较好的盈利性收入,作品获得大众的肯定,但是还有大部分文化产业类项目尚处于种子期以及初始上线阶段,加上我国对知识产权的保护力度还较薄弱,若过于详细地披露项目规划信息,其创意、核心技术很可能被他人所剽窃,市场竞争力会有所下降。即使项目支持者获得了必要的信息,却可能失去产品未来的市场成长性,降低发起人公开披露信息的积极性。因此,如何在发起人与支持者之间把握信息披露度也是值得关注的问题。

2.3.5 基于众筹平台的风险

2.3.5.1 审核风险及控制

美国互联网众筹平台如 Kickstarter 对项目发起人审查严格,对亟待募资的企业提交的项目计划书逐条审核、鉴别身份信息与项目类别以减少不良贷款风险。针对发起人存在的信用风险,各大平台实行联网模式,并进一步规划自身平台内征信制度和风控管理制度,比如发起人信誉的提升依据信息披露量、后期交易量等情况。从国内互联网众筹的运营模式可以发现,各大平台会相应地制定符合自身的投资者审核制度,审核的力度与要求也有所区别。诸如天使汇、京东东家提高参与者门槛,而众投邦似乎更愿意接触"草根群众",制定较低的审核标准。

首先,从保护投资者利益的角度出发,较低的准入门槛很可能会给项目支持者带来潜在的风险。因为华人天地待融资项目,其产品都存在一定的市场不确定性,未来可能出现的宏观经济政策、法律和经济的影响都会影响项目的预期收益,而新兴的互联网金融市场存在更多的非专业与较低的风险预警能力的"草根投资者",支持者很难准确根据平台上提供现有的项目信息进行有效的预判,专业的评估报告的真实性也有待考量。

其次,从发起人权益保护角度上说,众投邦对支持者审核程序出现的漏洞也会对其带来一定的风险,因为成为项目支持者变得容易实现。对于华人天地等文化传媒项目中的创意想法或高科技技术,如影视剧、3D 数字立体技术等,华人天地需要在众投邦网站上对其项目以及财务数据做出较为详尽且明确的展示和说明以吸引潜在的投资人,而披露的技术、机密可能会被窃取,创意可能会被模仿,从而引发泄密危机。

最后,从平台自身角度出发,影响众投邦平台的风险因子也在提高,平台的运营质量、用户的体验感都会有所下降。

但是,设立的高门槛也无形中使客户流失。针对如何设置合适的制度对发起人与支持者进行审核,不仅是众投邦这一股权众筹平台,也是整个业内需要思考的问题。

2.3.5.2　推荐风险

领投人的"金融脱媒"作用一直受到业内广泛认可,众筹将"专业 + 草根"参与者联结于一体。天使投资人若要成为领投人一般需向平台递交申请资格,然而这种提交资料和经历的资质鉴定的审核方式也仅限于形式,存在脱离实质性审核的情况。领投人在其中承担项目估值、尽职调查和投后管理责任,并以实际投入金额(最低为项目融资额度的 5%),在其后企业盈利中获得分红,作为投资回报。然而在目前现有的政策与监管条件下,无疑是给发起人与领投人之间搭建利益桥梁,若领投人在无视风险的情况下恶意领投,则会发生"羊群效应",导致参与者盲目跟风。同时,有的众筹平台为削减成本或出于某种特殊目的,将项目的尽职调查、投后管理等交给专业机构进行,即与本平台无关的领投人手里。而当领投人披露信息失真,项目出现产品研发问题抑或欺诈行为时,这种设计模式将会使平台最大限度地隔离法律风险,免于承担相应的质量审核与投后资金管理等职责,而当发起人卷款逃跑,将严重损害项目支持者的切身利益,给众筹市场带来恶劣的影响。

2.3.5.3　资金流风险及控制

股权众筹融资中需要项目发起人、支持者与平台的共同参与,一般需要一段特定时间完成融资。且股权众筹一直有"去中介化"之说,与传统的金融机构相比,其项目投融资金的管理一直是股权众筹融资中关注的重点。可以发现,美国股权众筹平台 Angellist 只扮演中介服务平台角色,将投后资金的流转管理交由合作银行负责对接项目,WeFunder 平台则成为融资项目的直接股东,并享有基金权益,项目筹集到资金转入平台三方托管账户,待项目完成融资七天后转入项目发起人账户,而WeFunder平台在其中不参与资金的管理。国内知名股权众筹平台天使汇及创投圈借鉴了 Angellist 平台的做法,在项目融资之初与发起人签署股权托管协议。人人投设计了财务监管体系,支持者通过新浪支付平台将投资额交由新浪支付旗下的资金账户管理。所以,众多股权众筹平台普遍将筹集资金通过与银行合作或交付第三方进行资金托管,很大程度避免了借贷式筹资(P2P)的点对点资金管理模式,降低了形成"资金池"的风险,并建立隔离机制,降低了项目发起方携款逃跑的风险。然而国内对于资金的流转仍旧缺乏统一严格的管理体制,支持者坦言投后资金的安全是是否进行投资的重要考虑因素之一,所以对于资金流转风险的隐患应保持高度关注。股权众筹平台主要发挥的是撮合投融资交易、实现资源优化配置的中介服务功能,出于对资金安全性的考虑,众投邦平台在融资全过程未接触投资资金,而是由"华人天地"与投资者协商约定股权认购资金转账事宜,从而在一定程度上有效地控制了相关财务风险。

第3章 江苏远东股权众筹项目案例研究

3.1 江苏远东股权众筹项目案例介绍

3.1.1 项目规划

3.1.1.1 项目公司简介

江苏远东公司是一家专门负责轨道交通设备的系统设计、软件研发、产品制造、生产、销售及售后等全套服务的大规模企业,公司运营产品以列车给卫系统、动车地铁制冷系统、轨道交通车门系统、轨道交通地铁站台安全门、轨道交通内部装饰件为主。该公司现阶段拥有 150 亩的占地面积,投资金额已有 2.5 亿元,相继引入近 30 台大型油压机,远东产品已通过质量管理体系、测量管理体系、全国工业产品生产许可证、2008 质量体系、EN15085 焊接、IRIS 体系等官方认证。江苏远东集团有限公司又叫远东控股集团有限公司,其注册资本为 66 600 万元,总资产达 120 000 万元。

3.1.1.2 公司财务数据与规划

(1)公司发展现状

远东集团按照当前公司法的要求,在江苏远东公司内部设立了股东大会、董事会、监事会和管理层(图 3.1),让每个部门发挥出它的优势,共同遵守公司规定,以保持企业的长期稳定发展。集团的一些重大决定和决议由最高权力机构股东大会来负责,其中董事会需要履行责任的主要是战略性的监督管理层,远东集团的董事会和管理层都会受到公司监事会的监督。江苏远东公司设置了六大职能部门(图 3.2):研发部、营销部、行政部、人力资源部、财务部、品质部。公司核心团队包括了技术性人才,这些人都具有丰富的工作经验,技术精湛;另外还有管理人才,80% 以上是本科学历。公司近几年不仅在各个高校招聘优秀的人才,也从其他公司挑选技术和管理人才,使其加入公司的团队中,因此公司的团队是非常优秀的。

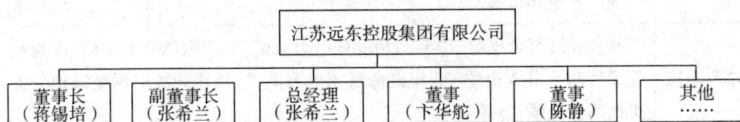

图 3.1 江苏远东内部职能

财务部的人员都具有丰富的财务实战经历,他们毕业于财务专业,对财务知识能够熟练地掌握及运用,对公司的资金运行、效应和支配进行较细致的预算和支配。公司的核心部门是研发部,研发部 70% 的人才是本科学历,他们可以很好地学习先进和前沿的知识和技术,带头人已经在专业领域工作 30 年,对各个前端的知识都能够熟练掌握,具有大量的工作经验和相关的技术认定、发明专利,可以很好地带领部门进行技术的攻克和研发。

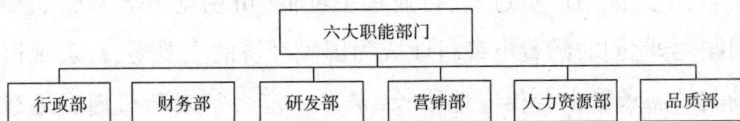

图 3.2 江苏远东六大职能部门

（2）公司产品

江苏远东公司产品如表3.1所示。

表3.1 企业产品

产品分类	产品
通用电线电缆类	计算机及仪表电缆、聚氯乙烯绝缘电力电缆、0.6/1 kV 交联聚乙烯绝缘电力电缆、架空绝缘电缆系列产品、聚氯乙烯绝缘电线电缆、柔性防火电缆样本,等等
智慧电网	硬铜绞线及镀锡硬铜绞线、额定电压35 kV 及以下中强度铝合金导体架空绝缘电缆、乙丙绝缘熔断器电缆、柔性直流 ±200 kV、± 320 kV 直流海陆缆,等等
高端设备	架空绝缘电缆系列产品、汽车产品、额定电压 3.0 kV 及以下高柔性硅橡胶软电缆、额定电压1 kV 及以下直流充电桩用电缆、额定电压 0.6/1 kV 及以下拖令系统用电缆,等等
绿色建筑	气吹式光纤复合电缆、70 年寿命低压电力电缆、额定电压 0.6/1 kV 矿物绝缘柔性防火分支电缆、70 年寿命低压电力电缆、磁化硅胶矿物绝缘预分支柔性防火电缆,等等
清洁能源	3.6/6 kV ~26/35 kV 铝合金耐火电力电缆、3.6/6 kV ~26/35 kV 交联聚乙烯绝缘电力电缆、风力发电叶片防雷导线、风电用 UL 认证扭转电缆,等等
智慧交通	新能源汽车用铝合金导体软电缆、电气化铁路 27.5 kV 单相交流交联聚乙烯绝缘电缆、动车组第二类低烟无卤标准壁电缆、公路车辆用低压电缆、高速公路远程供电电缆,等等

（3）公司未来发展规划

江苏远东公司是一家有限责任公司,在经历53年的奋斗,五次的改制后,中国生产电线电缆规模最大、最有发展潜力的企业非江苏远东公司莫属。在电缆行业,面临着行业内企业数量众多、生产能力严重过剩、行业集中度低、市场竞争异常激烈等问题,与此同时随着电缆行业成为国民经济的主要动力,宏观市场上的需求量也会相应地增长,未来一定会带来新机遇。远东集团作为家族式民营企业,虽然在管理、人才、资金、企业文化方面存在很多不足,但经过十多年的发展也逐渐形成了市场营销、产品研发、生产规模、品牌形象等方面的相对优势。

远东集团要想成为中国电缆业的领头羊,在发展战略上,可以考虑以培育企业核心竞争力为宗旨,坚持走电缆业专业化的发展道路,充分利用十多年积累的行业经验,集中各种资源做大企业规模。同时在战略措施上做到:第一,以核心竞争能力为主线,加强以客户为中心的市场营销,建立起足以获得市场控制权的、以战略客户为核心的优越的客户资产;第二,原始家族管理方式要摒弃,创立适用于现代发展的新模式,让远东集团从传统公司向现代公司转变;第三,面对企业人才匮乏,低素质人多,高素质人少,客观要求高的现实,亟须加强人力资源的现代化发展历程,创造优秀的升级换代机制;第四,面对早已开始的国内乃至国际行业重组之空前的"大洗牌",有效组织资本运营,实施有主导产业导向下的成功资本运作;第五,面对传统家族制、乡土文化日益暴露出的弱点,重塑远东企业文化,积极向以经营人心、培育忠诚度为主导的企业文化过渡。

3.1.2 项目融资困境与途径

3.1.2.1 江苏远东公司融资困境

虽然江苏远东公司需要核心技术的开发才能够占据市场领先地位并使得产品畅销,但是技术的开发和创新需要大量的资金投入,且技术的开发和创新过程存在一定的风险,会给公司融资带来一定的困难,同时又很难从银行融资,即使可以也只能融资一部分,很难达到公司所需要的资金总额。另外,由于公司在发展过程中,也需要扩大生产规模,同样需要资金,所以江苏远东公司面临着很大的资金约束。内部和外部融资是企业融资的一般方式。内部融资是企业依靠其内部积累进行的融资,具体包括三种形式:资本金、折旧基金转化为重置投资和留存收益转化为新增投资。但由于公司对资金的需求和投入大,使得公司不得不从外部融资以寻找突破。外部融资一般采用股权融资和银行贷款;但双方信息不对称和委托代理问题常常在公司和银行之间发生,所以企业从银行贷款需要进行资产抵押,如果缺少一定价值的抵押物,则很难从银行获得贷款;同时公司若公开上市需要满足一定的条件,则很难通过发行股票来获取资金,这些是中小企业所面临的真实的融资困境。江苏远东公司目前的融资途径主要有如下几种方式:一是使用公司自身产生的利润和现金流;二是通过厂房和公司生产设备的抵押向银行贷款;三是通过国家政策支持获得资金支持以及贷款优惠;四是一些投资者的资产支持。

3.1.2.2 股权众筹项目的推介

这次项目最为显著的优势就是江苏远东公司和西南交通大学国家轨道电气化与自动化工程技术研究机构建立了长久合作的关系,并与中国北车集团全资子公司山东华腾也建立了战略合作关系。现有的中车一级配套供应商一共有 7 家,而只有江苏远东公司才具有国内高铁塞拉门自主产权,以及国内高铁给水卫生系统真空集便器自主产权,并通过了 ISO10012 测量管理体系认证。通过国家强制性产品认证,公司拥有多项专利。公司的优势是拥有部分先进技术并占有一定的市场份额,且技术人员具有一定的经验和创新能力,在该领域有一定的领先地位。公司目的是在中国证券市场上市,顺利上市后,所有股东可以优先获得股份和业绩分红,所以说公司有着很好的前景。目前江苏远东公司迫切需要一定的资金投入去进行产品的研发和改进,使企业在市场中的份额增加,使企业的收入和利润也稳步增长,从而促进公司稳步发展。本次公司计划拿出 10% 的股权进行股权众筹,即 1 000 万股,每股 3 元,10 万股起购,若计划实现可以筹集 3 000 万元。

3.1.3　项目股权众筹融资方案

3.1.3.1　创建伊始

1985 年范道电工塑料厂在无锡成立,它也是现在资产超两百亿元的远东控股集团有限公司的前身。2002 年,远东集团注册资本 66 600 万元,法人蒋锡培实际出资额 6 933.420 6 万元,蒋国健实际出资额 1 159.709 6 万元。

公司初期的企业股东和出资情况如表 3.2。

表 3.2　2002 年企业股东出资情况

股东	蒋华君	蒋岳培	王宝清	蒋国健	蒋锡培
认缴出资额(万元)	740.509 2	248.509 2	828.364	1 159.709 6	6 933.420 6
认缴出资方式	其他	其他	其他	其他	其他
实缴出资额(万元)	740.509 2	248.509 2	828.364	1 159.709 6	6 933.420 6

3.1.3.2　中期融资

江苏远东于 2013 年 12 月首次增资,法人蒋锡培追加 33 163.279 4 万元资本金,杜剑平追加 1 327.236 2 万元资本金,注册资本增至 78 890.135 万元。

公司中期(2013 年 12 月 20 日)的企业股东和出资情况如表3.3。

表3.3 2013 年企业股东出资情况

序号	股东	认缴出资额(万元)	认缴出资方式	实缴出资额(万元)
1	蒋承志	3 372	货币	3 372
2	蒋承宏	3 372	货币	3 372
3	蒋锡培	33 163.279 4	货币	33 163.279 4
4	杜剑平	1 327.236 2	货币	1 327.236 2
5	王宝清	3 171.636	货币	3 171.636
6	蒋国健	840.290 4	货币	840.290 4
7	蒋岳培	601.490 8	货币	601.490 8

3.1.3.3 完成股改并首轮公开融资

现金流折现法、资产法、可比交易法和可比公司法是公司估值的常见方法,基于考量,公司采用了资产法。根据公司之前的投资和公司的产值以及销售利润,公司融资前估值是 3 亿元,本次股权众筹融资计划融资 3 000 万元,即公司出让的股权比例是 10%,总共 1 000 万股。

3.1.3.4 股权众筹模式的选择

根据 2019 年年底的统计,众筹公司总共 294 家,权益型平台的数量最多,有 90 家,股权型平台数量居第二位,有 89 家,物权型平台有 62 家,综合型平台有 41 家,公益型平台有 12 家,具体如图 3.3。

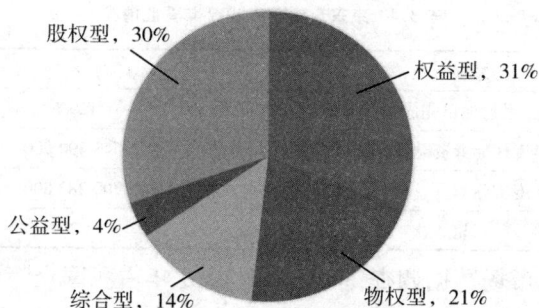

图 3.3　**众筹平台类型图**

　　股权众筹主要分为线上和线下两种方式,经过反复考量,远东集团决定采用线上众筹,因为互联网是当今时代的主旋律,能更加快捷、方便地获取所需要的资金。通过股权众筹,一方面公司可以迅速获取所需要的资金,然后投入技术的开发;另一方面,公司通过这种方式可以获取创投资金的支持,从而后续可以得到创投公司的资源支持。

　　公司股权众筹模式主要参照已有的股权平台众筹模式,如京东众筹。京东众筹是京东金融众创众筹的一个事业部,目前在国内是最大的权益及股权类众筹平台。

　　在 2015 年,京东上线了众筹平台旗下的股权众筹平台,在之前的四个季度内,京东东家完成了总金额大于 70 000 万元的资金筹备,排在了整个股权众筹市场首位。2017 年底京东众筹平台共有 74 个项目,平均项目完成率高达 129%,年度实际筹资总数达 70 028 万元。

表 3.4 京东众筹平台 2017 年营业情况

总项目数	74
平均项目完成率	129%
年度预期筹资总数(元)	543 390 000
年度实际筹资总数(元)	700 282 800
投资人次	3 255

根据市场数据调查,京东众筹 2015 年占我国众筹市场份额近 60%,几年以来依托于京东集团这个大背景,已发展为名列前茅的众筹平台。京东东家股权众筹融资一般分为三个阶段,即:投前、投中、投后,如流程图 3.4。

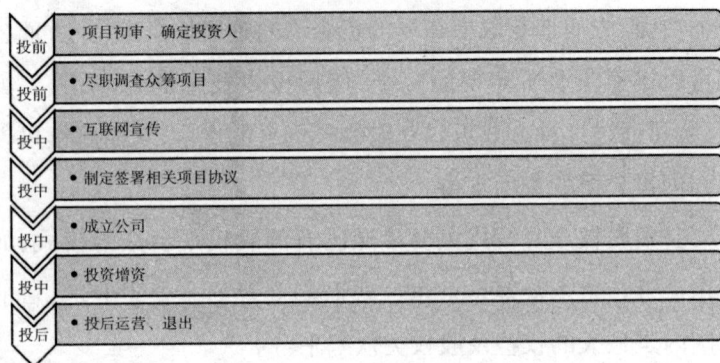

图 3.4 京东东家股权众筹融资流程图

3.2 江苏远东股权众筹项目案例分析

3.2.1 股权众筹行业分析

2014 年 11 月 19 日,国家总理李克强同志在国家常务委员会中特别强调要抓好融资股权众筹试点任务,相关人士都一致认为此项举措将成为我国金融融资创新发展点。天使客创始人石俊认为,我们即将进入股权投资的时代,每一个人都能投资股权将会成为必然的发展趋势,并且借助专业平台、专业组织的指点,提高自身的财富价值。显然,由于政策不断开放与政府大力支持,股权众筹行业迎来发展热潮。特别是美国股权众筹行业推动法案的真正确立,使得我国部分互联网金融平台也都试探性地向该行业伸出触角。据部分行业相关专业人员分析,自2013 年 P2P 出现后,据权威金融人士余丰慧分析,中国人民银行及其下属部门对于《关于促进互联网金融健康发展的指导意见》进行完善,并且依靠美国对于互联网众筹的方案进行进一步改进,始终强调开放、创新以及最大程度上降低门槛。消费习惯的逐渐养成,加之政策支持,使得众筹市场规模呈猛增趋势。据权威数据显示,我国互联网股权众筹融资行业在 2015 年第一、二季度成交量达到 500 000 万元,相对于 2014 年同期增长200%。预计行业截止到 2015 年年底其成交额将会达到 150 亿元到 200 亿元,将来市场规模可能会突破万亿元。天使客石俊表示,在投资紧缺的前提下,试着采用"资本抱团"型的股权众筹方式,也许是解决目前融资难题、减小投资风险的新方法。

3.2.1.1　股权众筹平台增多

目前,京东股权众筹在中国众筹平台最为广泛。据公开统计,自 2015 年 3 月 31 日起,将近 60 个项目可以享受到京东股权私募融资平台给予的贷款服务,融资金额总量已超过 6 亿。引导投资和后续投资的形式成为京东的首要股权众筹模式,在股权融资云平台项目启动之后,逐步开展专业投资人的"领投",以达成投资人自由投资的目的。进行投资后,投资者会持有项目公司部分股权,但无须参加被投资企业的运营管理工作,领导投资人负责和公司进行商议且享有一定决策权,以投资者20%的投资回报当作获取的补偿资金。这一形式能够吸引具有经验与策略资源的优秀投资人成为领投者,很大程度上提升了项目选定的概率,进一步推动越来越多具备闲置资金的跟投人参与,促使社会资金的最大化运用。

根据统计数据可知,截止到2015年,国内共有218家众筹平台处于运作状态,此外,已停业或转行的众筹平台合计为27家。基于以上数据,央行首席金融分析师姚余栋表示,从本质上来说,新三板、创业板、主板和中小板等市场及其相关领域的股权交易中心将股权众筹无限制地开展,也是我国多阶层资本市场当中不可或缺的内容,今后有望发展成我国的"新五板市场"。

若股权众筹行业能够更好更快地发展,则会促使更多的公司进行股权众筹,进而解决企业的融资约束,有利于企业的发展。2016年我国众筹行业发展数据显示,我国2016年的成功众筹融资额度达到了217.34亿元,是2015年及之前所有年份之和111亿的2倍。由此可知,在2016年,众筹项目在我国高速发展,且2016年成功的众筹项目达到48 437个,占比82.65%。目前中国互联网股权众筹平台分为物权型、权益型、股权型、综合型和公益型平台,这些平台数据分布如表3.5所示。这些平台的主要区别是回报模式不一样,其中物权型平台是通过众筹平台筹集资金,把筹集到的资金用于购买实物资产,然后通过实物资产的升值来获取利润;权益型平台将企业和个体供应的各种非现金型事务当作主要收益；股权型平台主要通过购买公司的非公开发行的股权融资行为来获取利润；综合型平台包括其他四种模型的两种或者两种以上的平台；公益型平台是个人或者公司无偿获取公众的资金捐赠。

表 3.5　2018 年我国运营中的众筹平台的分布

物权型平台	48 家
权益型平台	75 家
股权型平台	80 家
综合型平台	34 家
公益型平台	14 家

　　2018 年运营中的众筹平台类型分布：2018 年我国众筹运营平台共有 251 家，其中股权型平台数量最多，有 80 家，占全众筹平台的 32%。权益型平台数量仅次于股权型平台，有 75 家，占比 30%。物权型平台、综合型平台和公益型平台的数量分别占 19%、13%、6%，如图 3.5 所示。

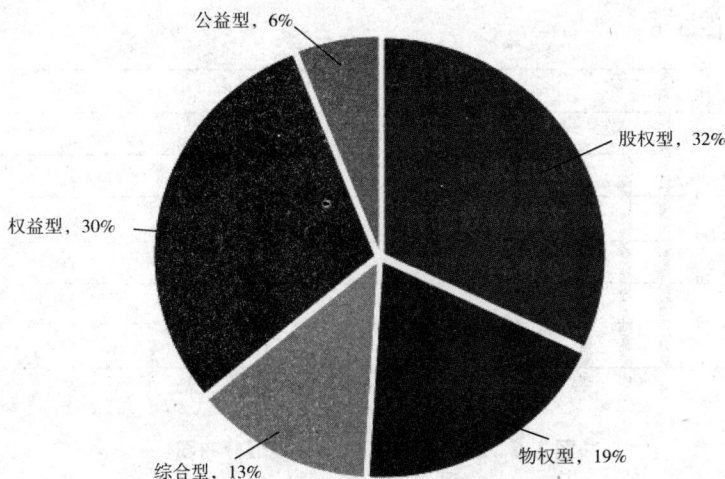

图 3.5　2018 年我国运营中的众筹平台类型图

如表 3.6 是我国 2011—2016 年每年的新增平台数据,在 2011 到 2013 年,我国的线上众筹平台数量增长缓慢,然而在 2014—2016 年期间线上众筹平台的数量迎来了井喷式增长,尤其是在 2014 年期间由 20 家飙升到 166 家,之后的两年也一直保持着高速增长。由此可见,线上众筹平台在我国取得了较为快速的发展。

表 3.6   2011—2016 年我国线上众筹平台数量

2011 年	3 家
2012 年	11 家
2013 年	20 家
2014 年	166 家
2015 年	288 家
2016 年	264 家

我国的众筹平台也与地区的金融发展、经济水平和创业环境等相关,所以平台数量最多的地区为北京、广东和浙江。具体如图 3.6。

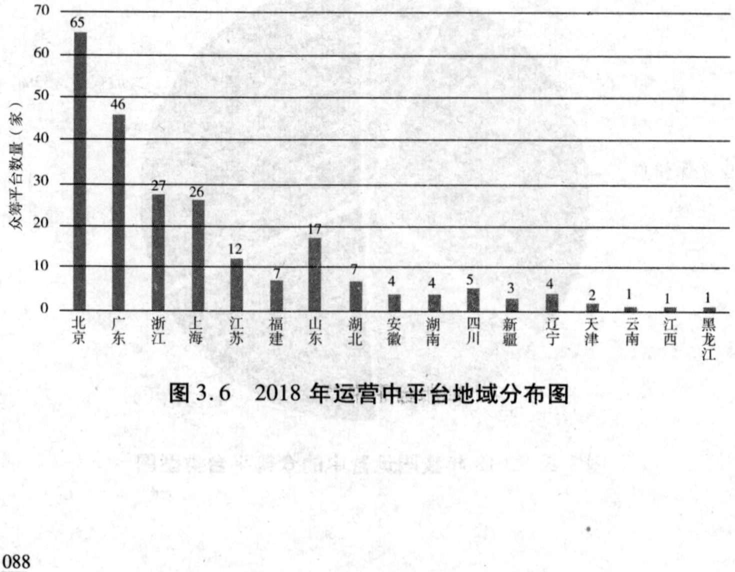

图 3.6   2018 年运营中平台地域分布图

3.2.1.2　股权众筹的项目发展迅速

根据公开披露的数据,在 2016 年股权众筹项目中,成功项目数是 1 087,成功率为 67.6%,成功的项目已筹集资金为 58.7 亿元,项目支持人次为 5.26 万。这说明还是有一些公众参与其中,为更加详细地理解我国 2016 年成功的案例,下文列举了融资金额前十名的案例,主要如表 3.7 所示。从表 3.7 可知,这些项目大部分都是超预期完成了融资,但是投资者人数却比较少,最多的人数也只达到 50 人,由此证明大多数投资者为大众投资者以及较少参与股权融资项目的人。

表 3.7　2016 年股权众筹成功融资金额前十的项目

项目名称	预期融资额(万元)	实际融资额(万元)	投资者人 数	所在平台
摩洛哥喜悦秘境酒店	1 500	9 900	—	多彩投
镭神智能	10 000	9 300	—	云投汇
《萍踪侠影》	8 000	8 000	1	青春梦
美豪丽致酒店深圳福田店	1 000	6 170	—	多彩投
臻爱逸家鲁能星城店	1 500	4 390	—	多彩投
祺科技	3 875	4 093	107	迷你投
诗莉莉青梅学社	1 000	3 855	—	多彩投
V + SPACE 陆家嘴社区	300	3 710	—	多彩投
直播超级网综《谁是继承者》	3 500	3 101	17	云筹网
艺宿里民宿酒店成都	801	2 385	—	多彩投

3.2.2　江苏远东股权众筹流程分析

3.2.2.1　利润分配和信息披露

由于公司拿出股权的 10% 进行融资,所以在利润分配时,公司会将每年最终所得到的利润的 10% 分配给股权众筹者。

在信息披露方面,公司会定期发布相应的消息,一方面,投资者可以通过公司的网页或者电话等方法获取消息;另一方面,资金提供者可以通过实地调研来获得企业的相关信息。

3.2.2.2 股权回购及转让

公司根据这次融资进行产品的开发和市场份额的占领,由于技术研发需要一定的周期,且把技术转为产品生产出来也需要一定的时间,因此公司会计划在 5 年之后进行股份的回购。而关于股权的转让,由于公司需要客户能持久拥有公司的股份,因此在 5 年后公司会进行相应的回购,并公布是否可以转让方案。

3.2.2.3 江苏远东公司股权众筹流程

江苏远东公司股权众筹的流程主要是该公司首先准备融资的项目以及融资的资金和出让的股权比例,然后选择众筹平台,通过该平台把江苏远东公司和出资人联系起来,从而实现资金的支持。投资人主要根据众筹平台获得的公司信息来判断项目的优劣,也可由一位知名、经验丰富的领投人,集合其他投资者进行项目跟投。一般来说,作为跟投方的大多数是非专业的投资人,只有经众筹公司认定资格后才能申请成为领投人。

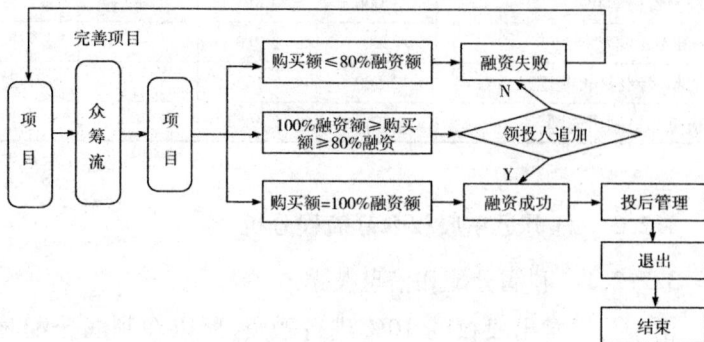

图 3.7　股权众筹领投流程图

3.2.2.4 江苏远东股权众筹流程的三个阶段

首先,远东集团依靠互联网众筹平台,选中一个股权众筹平台,远东集团联系该平台并提交该项目的总计划书,其中包括企业需要众筹的金额、股权比例以及项目截止日期。

其次,平台审核远东集团的商业计划书,主要内容包括该项目的投资价值以及真实性、可行性,在经过审核之后,将项目发布在众筹平台上,使其获得投资。

最后,对该项目感兴趣的投资者和个人,可以在股权平台进行资金的缴纳,当筹资成功后,江苏远东公司和出资人进行相关协议的签订,从而完成股权众筹融资。

通过网上众筹,最终个人一起认购了400万股,而机构投资者认购了600万股,这些认股成功的每年会有10%的公司利润分红,5年之后投资者可以卖出这些股份或者继续持有。

3.2.3 江苏远东股权众筹项目的成功因素与关键问题

3.2.3.1 江苏远东股权众筹项目的成功因素

(1)江苏远东项目发展前景好

江苏远东公司在国内的制造业中排名500强,在生产电缆电线、轨道交通用具方面有悠久的历史,拥有自己的专利技术。在现代快速发展的社会,国家也在大力投入对交通运输行业的发展,对产品的需求量快速增加,所以企业的前景是光明的。而且通过这次项目,企业与西南交通大学国家轨道电气化与自动化工程技术研究机构建立了长久合作关系,这为企业提供了技术和学术研究上的支持,这也是国家大力推动制造业的体现。

（2）发行方案设计合理

江苏远东在股权众筹的方案上实行得比较合理，不管是项目筹集资金的时间，还是额度上的分配。在时间上，江苏远东集团用 1 个月的时间筹集资金，既不显得仓促，也可以更好地面向广大投资者进行筹资。在股权众筹额度上，江苏远东集团转让10% 的股权，认购金不能低于 30 万，可以更广泛地吸引大众投资者，使公司可以更快、更有效率地运营资金以获取收益。

（3）"领投＋跟投"模式正确

相对于其他的投资者来说，股权众筹平台依靠目前的"领投＋跟投"机制会获得更大的话语权，口碑和业绩优质的平台可以获得更多的行业资源和更优秀的人员。优秀的领投人意味着项目投资经验更丰富，可以为企业及投资人获得更大的收益。常规投资者的主要特点是领投，合规投资者的主要特点是跟投，而合规投资者进一步分为不能提供足够信息给特定领域的投资者和相对专业的投资者，所以具备专业知识的投资者对于风险的管控有着非常强的专业性。普通投资人可以跟随合规投资人进行投资，这种方式可以让普通投资人有一个参考依据，降低投资的风险。这一投资模式对于投资人来说具有重要意义，一方面提高了投资效率，另一方面又减少了投资的烦琐程序。

3.2.3.2　江苏远东股权众筹过程中的关键问题

（1）项目信息披露的问题

在股权众筹的活动中经常会发生信息披露的问题，如不充分地披露信息和过度披露信息。如果是信息披露不足，大众投资人就不能通过平台获得平等的项目信息，无法做出更准确的投资判断。假如过度披露信息，很大可能会造成项目实施者的产品和经营方案被抄袭,如泄露知识产权等。避免此类问题产生的最好方法就是选择正规的、较大的众筹平台,它们的制度一般都比较完善,可以对项目信息有准确的把握,涉及知识产权的信息只会提供给那些通过审核的投资人看,知识产权会大概率地被正规的众筹平台维护好。

(2)股权退出的机制

江苏远东公司制定了利润的分配方式,但是没有制定股权退出的详细方案,如果一些投资人因为资金的问题,需要把之前投资的资金变现,这时候就存在投资者股权退出的问题,因而不能有效地保证投资者的收益。投资者参与众筹的目的只有一个,那就是获得收益,对于投资能力不是很高、不能承受比较高风险的投资人来说,通过与公司签订回购合同可以在一定限度内保证自己的资金安全及获得风险较低的稳定收益。一些研究学者也表示股权众筹的退出是该项目必须公布的方案,并设立具体条款,尽可能地保证投资者的权益,减少资金提供方的投资风险,从而维持好资金提供方的投资收益,最大限度地进行现金流动。

(3)投后管理的问题

江苏远东公司在众筹资金的计划书中没有介绍投后管理的安排,这样不能有效地保证投资者的权益,具有不确定性。同时也没有让出资人和公司建立一定的联系,没有让投资者及时了解公司的发展和产品的开发。投后管理阶段是众筹融资成功的一个衡量标志,象征着众筹行为的结束,但也是新的开端。对于众筹项目投后管理机制,需要多个投资人或者领投人参与投后服务,对公司之间的资源进行对接,将资源配置到位,展开公司各项业务,在财务、法务、税务等方面进行帮扶与引导。一些人士也建议,股权众筹公司应该成立专业的投后管理团队和公司信息共享平台,从而使出资人能够了解公司,如公司的财务状况和运营规划等,进而提高投资者的投资信心,创造投资收益。

3.3 江苏远东股权众筹项目的风险性因素分析及对策

企业在发展过程中都需要通过投入一定的资金使其能够快速成长,企业在进行融资的时候,公司首先需要进行的是企业内部的筹资活动,由此使资金迅速流动,进而加大生产。美国经济学家 Berger 和 Udell(1995)提出了一个基于公司生命周期的成长理论,认为由于企业的生产规模小,早期公司主要依靠内部融资,随着公司融资需求的增加,企业开始从金融机构进行债务融资。由于债务融资的成本过高,随着企业的发展和成熟,这时候企业如果满足发行公开股票的条件,即可开始进行股份融资。但是股权众筹如雨后春笋般油然而生,让公司在各个发展时期都可以进行融资,打破了公司筹资的界限。对于大多数公司来说要想解决好企业的筹资问题,股权众筹是较好的方法之一,但这也是基于投资者对公司的信任,因此公司需要利用众筹所得的钱进一步推动企业的发展,提高企业的投资者及其股东获得最大收益的可能性,避免"竹篮打水一场空",这也有利于企业在之后缺少资金时能更方便地进行众筹。

对于成长性的公司来说股权众筹是筹资的重要手段,可以最大限度地解决企业资金方面的困难,提高公司对于现金流的掌控程度,从而使企业更好地将精力投入到技术发展中,促使企业更好更快地发展。股权众筹需要国家进行扶持和发展,因为成长型公司在我国占有核心席位,也是创新型发展的中流砥柱,所以为加快公司的发展步伐,国家需要投入一定的资金并制定相应的政策使股权众筹健康、合法地发展,使中小企业和投资者能够受益。

3.3.1　股权众筹融资存在的问题

具有创新融资方式的股权众筹给江苏远东公司带来的成功,给许多需要融资的企业提供了有效的经验,降低了投资者与融资者之间的信息不对称,从而提高了资金配置效率,一定程度上满足了一些企业的需求,为其发展起到了推动作用。虽然作为一种新兴的金融创新方式,股权众筹有不少风险性问题,但是从江苏远东公司的股权众筹案例中还是可以学习借鉴到很多方法和经验。

3.3.1.1　法律风险

(1)非法集资类法律风险

企业在互联网平台通过股权众筹向广大普通投资者出让一定比例的股份,然后投资者可以通过入股从公司中获取收益。融资人和投资人在互联网这个平台下相互关联,而这类投资人是非特定人群,公开融资很容易造成非法集资类的犯罪,且一直有人以这种方式在法律的边缘试探。

(2)与证券法相抵触的风险

我国的《公司法》《证券法》明确提到,对外发行股份或是通过股权的方式筹集资金,只可针对指定对象开展,不可针对非指定对象进行筹集,并且所指定对象要控制在200人以内,不然就视其股份已转向公开发行。但公开发行要获取证监会的批准方可执行,不然就会演变成私自发行证券的行为活动,大多数企业进行股权众筹时极易触碰到这一法律警戒线,股权众筹平台倘若通过公开形式对非指定对象进行资金筹集,或者有200人以上的指定对象时就触碰了法律警戒线,构成擅自发行股票、公司、企业债券罪。

(3)股权众筹平台的合规性

国内股权众筹平台现阶段关于融资资格与融资项目的考核仍处于放宽状态,从严格意义上来讲,亟须颁布详细可行的考核政策以确保融资项目的真实性。因此,众筹平台只要稍不注意,就会推送不真实或是蓄意夸大宣传的项目,导致惨重的后果,势必会构成虚假广告罪。

3.3.1.2 经营风险

(1)投资方的经营纠纷

在日常的投资融资业务中,股权众筹的合同经常出现甲方和乙方违背合约的情形,这会进一步造成合约履行的障碍。例如融资方没有按照投资合同条款使用资金,或者投资方没有按照合同条款补充资金。站在企业管理的角度来说,众筹股权的投资方集中一部分人会得到知情权和分红的权力,还有与此相关的企业经营权。虽然能够实现博采众议,但也存在相应的经营风险,股东控制权不再集中,公司在管理上也可能会有所争议,产生企业运营的矛盾,从而给企业的经营造成负面影响。

(2)众筹退出机制的纠纷

目前大多数股权众筹项目重视前期的集资阶段,对于后期怎样推出问题并未过多强调,倘若前期安排不合理,后期出现纠纷的可能性就会大大提高。国内股权众筹因行业发展时间不长,还停留在早期,对于退出机制没有过多完善,而健全募资经营退出机制应是行业整体应该考虑的问题。

3.3.1.3　融资失败会带来成本风险

在股权众筹的过程中,公司需要依靠各方的人力、财力、物力对已经决策好的项目进行进一步的筹资活动。特殊情况下还应邀请专家来共同完成众筹项目,上述筹备工作要付出相应的代价,并且这些工作会纳入公司的筹资成本之中,即使相应的行为没有完善的实施,也一定会导致筹资成本增加,让原本就陷入资金紧张的企业承受更大的资金负担。

3.3.2　股权众筹融资的优化措施

3.3.2.1　做好项目孵化,避免融资失败带来的成本风险

企业需要对怎样选择、孵化可靠的优质项目,怎样在诸多项目中让自己的项目大放光彩予以考虑,让投资者认可项目所具有的商业价值;并且在培育项目时切记不能急功近利,要心平气和,让项目拥有充分的筹备时间。

另外,应该重视对自身良好网络形象的塑造。如今,互联网已进入千家万户,仿佛一面镜子,把融资方的相关情况一一向大众呈现,投资者在做出投资决策前,通常会借助网络查询融资方的相关资料,如果融资方的声誉不尽人意,毫无疑问将会降低融资的成功率。

3.3.2.2　规范投融资协议

为避免出现经营权过于分散的情况,可将一般投资者与战

略投资者加以区分，向一般投资者仅赋予其分红权与知情权，向战略投资者则一同赋予其经营权。如此一来，一方面，能够防止因股权分散造成的后期经营中股东看法各异引发的经营效率差的问题；另一方面，在企业的经营决策方面保障并提高战略投资者的影响力。

3.3.2.3　有效规避法律风险

尽管诸多现象显示，政府部门正在讨论怎样颁布有关政策以加大对股权众筹融资方式的支持，然而就现阶段已投入运行的诸多股权众筹平台而言，怎样规避当下的法律风险才是第一要务。郭勤贵提到，可以通过合理方式来规避众筹面临的法律风险，对于公募版股权众筹管理还未公开发布的问题，企业可以选择私募模式进行股权众筹。包括不对非指定对象赋予股权、不对 200 个以上的指定对象发行股份以及不使用广告、公开劝导与变相公开发行股份等。

（1）借鉴欧美先进立法经验

欧美发达国家的股权众筹发展起步较早，各国均先后颁布了有关法律法规以保障股权众筹在本国的持续发展。在 2012年 4 月美国证券交易委员会颁布了《促进创业企业融资法案》，开始监督管理众筹，该法案对合格投资者的筹资范畴不再进行限制，容许企业家们利用类似网络等公开渠道吸引更多投资者，前提是他们可以直面投资者的信用要求。总而言之，政府所持态度需要更加爽朗，以避免引发新的风险，从而确保我国股权众筹市场的持续发展。

（2）完善我国征信系统

在国内，风险较大的股权众筹融资在线模式还不具备相应的征信体系来对投融资两方的信用展开审查,征信系统不完善的问题极大地增加了投资方与融资方的顾虑,打消了投融资的积极性。所以保障征信系统的合理有效性,健全优化互联网环境具有重要意义。

综上所述,中小企业需要重视股权众筹融资将会引起的法律风险,基于现行法律有意识地远离法律警戒线,有效运用股权众筹公开、小额、大众的特征以减轻自身的资金负担。另外,针对股权众筹方式也许会导致投融资方的纠纷,因此亟须政府颁布与我国国情相适应的法律法规以保障双方的合法权利,促使股权众筹的规范化,进而推动股权众筹的持续发展。

第4章 海龙核科股权众筹项目案例研究

4.1 海龙核科股权众筹项目情况介绍

4.1.1 海龙核科简介

海龙核科于 2008 年创立,主营安全防护材料中的核级防火密封材料、非核级防火密封材料和中子吸收材料的研究发明、制造和出售,于 2015 年 3 月 6 日在新三板挂牌。公司曾获"国家火炬计划重点高新技术企业"称号及"中国核能行业协会理事单位"资质。

根据有关资料显示,中国核能发电占比远低于世界平均水平,核电作为一种安全、高效的清洁能源,在全球范围内得到广泛应用。而核电厂在所有情况下都必须具备足够的防火能力,对于防火密封材料也有严格的规范性要求。海龙核科作为目前国内具有领先优势的核岛防火封堵材料供应商,逐渐在技术、市场和服务维护等方面形成了一定的行业壁垒。例如在科技创新方面,海龙核科产品在防火、防辐射、耐 LOCA 性、气密性和水密性等质量上有着得天独厚的优势。

海龙核科与中广核工程有限公司、中国核电工程有限公司、中国核动力研究设计院、上海核工程研究设计院、四川大学、上海交通大学、上海大学、江苏大学以及乌克兰马卡洛夫国立造船大学等国内外知名科研院所有着频繁紧密的战略合作关系。公司拥有被授权的发明专利 16 项,实用新型专利 25 项,还包含了高新技术产品 14 项,国家重点新产品 1 项,曾领头参与 2 项国家标准升级工作(GB 23864《防火封堵材料》和 GB 14907《钢结构防火涂料》),并制定企业标准 5 项。

公司建有企业院士工作站、省级研发中心、省级工程中心、省博士后创新实践基地等平台,均有承接工信部、科技部及江苏省等一系列机构的高科技攻关任务,并顺利完成国家重大科技专项"大型先进压水堆核电站"子项"AE01 物项密封材料"的研发工作,公司产品被国内在建核电项目及其他国家重点基础设施项目成功地应用。在发电、军工、供电、核电和石化等一系列中高端行业树立了很好的品牌形象。

4.1.2　股权众筹融资的动因

海龙核科通过股权众筹融资的动因可以分别从内部因素和外部因素两个角度切入。股权众筹的内部因素是企业业务发展需求和企业扩大宣传的需要;从其外部因素的角度来看,可以分为企业选择其他融资渠道受限、国家政策支持、众筹融资门槛降低以及"定增 + 众筹"新模式的出现为海龙核科提供了新的融资选择。

4.1.2.1　业务发展需求

海龙核科属于新型材料行业,产品具有高技术壁垒、高市场壁垒和高服务壁垒的特点,公司在 2015 年时已经占领 80% 的核电领域新增市场。公司与中国核动力研究院已结成战略合作单位,具有优先采购的优势,在市场中占据了领先地位。由于技术更新速度快,而往往应用新技术生产出的产品的溢价率以及利润率是比较高的,因此企业想要走在行业前列,就必须紧跟领域内的技术前沿,才能快速地抢占市场,坐到行业领先的位置。因此对于海龙核科而言,想要保持其行业领先的优势,就必须拥有足够的资金为其研发作支持。

4.1.2.2 扩大宣传需要

海龙核科从创立到现在不足 10 年,对于这样一个年轻的公司,仍然缺乏知名度。2015 年 3 月,公司成功在新三板市场挂牌上市,但是对于其所处的防火材料行业,众多投资者还了解甚微。而股权众筹平台为海龙核科提供了为投资者展示的空间,让投资者能够更加有机会了解到海龙核科的最新项目情况,并且通过平台可以实现投资者与企业之间的沟通。

4.1.2.3 其他融资渠道受限

企业融资的渠道可分为两类:权益性和债务性融资。前者主要是指股票融资,后者包括发行债券、银行贷款和应付票据、应付账款等。权益性融资组成了企业的自有资金,股权投资人可以为企业的经营决策做筹划,有权取得企业的红利分配,但是无权撤出投资。债务性融资组成企业的负债,企业要如期缴还约定的本金和利息,然而企业的经营决策一般不由债权人参与,对企业资金的筹划管理同样没有表决权。

融资方式各具风险,不同融资方式有着不同程度的风险。

通常来说,债务融资的方式由于其定期还本付息的必要性,可能会产生不能如期偿还的风险,因此具有较大的融资风险。而股权融资的方式由于其不必还本付息,因此融资风险较小。如果企业采用了债务融资的方式,基于财务杠杆的作用下,当企业的息税前利润下降时,税后利润和其分配的每股收益会下降得更快,以至于给企业带来更大的财务风险,甚至有破产的危机。例如,美国多个投资银行的破产,就和无视融资方式、滥用财务杠杆有关。由此,公司选择的融资方式需要考虑其风险程度并且结合自身的相应情况。

从海龙核科 2014 年资产负债表可以看出,公司的短期借款为 3 270 万元,而长期借款为 0,这说明公司没有取得长期借款的途径,而应用于研究领域的投资想在短期内实现其价值、为企业带来利润又很艰难,因此由短期借款的方法融资对企业的资金周转带来了很大负担,企业应当试图提升长期的资本相对比例。此外,国内债券市场是大中型国有企业进行筹资的主要渠道,我国《证券法》中规定了有限责任公司和股份有限公司的净资产要分别达到 6 000 万元和 3 000 万元才能获得发行债券的资格,这就决定了大部分中小企业是很难达到发行债券的指标。在 2014 年末海龙核科的净资产为 2 900 万元,也就是说海龙核科公司在进行股权众筹融资前,还不具有发行债券的资格,所以不可发行债券来进行融资。

由于外部债权融资的筹资模式依然无法充分满足企业在长期资金融资过程中的需要,因此以股权形式进行融资渐渐被中小企业推崇。传统的股权融资方式以 IPO 上市融资为主,从企业聘请专业机构协助进行股份制改制,到最终发行上市,这中间的流程非常烦琐,而且伴随着 2009 年以后证监会对于 IPO 上市的审核越来越严格,市场上企业上市平均花费 8 到 10 年。而且很多中小企业也无法达到申请 IPO 上市的最低要求。而新三板的到来给很多科技型中小企业带来了股权融资的可能,全国中小企业股权转让系统的建立让中小企业的股权也流动了起来,使股权实现了增值。但是由于新三板也有着投资者数量少、市场定价效率低以及流动性欠缺等一系列问题,因此新三板的融资能力不能充分满足中小企业的资金需求。新三板的高门槛,让很多个人投资者望而却步,企业不得不另辟蹊径,尝试股权众筹这种新兴互联网股权融资模式。

4.1.2.4　股权众筹的推广与门槛降低

中国证券业协会于 2014 年 12 月发布的《私募股权众筹融资管理办法(试行)(征求意见)》中将股权众筹的门槛设立得比较高。按照规范,个人投资者对单个项目的投资不得低于 100 万元,需要同时具备投资者的金融资产也不得低于 300 万元。因此过高的资金门槛,让股权众筹失去了"众"的特性,股权众筹也是名不副实。所以证券业协会听取了多方意见,召开专门座谈会,最终公布了针对《管理办法》的最新修订意见,意见主要包括:一是降低众筹融资的门槛,让更多的投资人能够参与其中;二是采取股权众筹黑名单制度,对于利用股权众筹从事非法活动的人拉入行业的黑名单,并依法处理;三是取消原来对于中介投资机构的限制等。

图 4.1 可以明显地看出《管理办法》的修订极大地增加了

众筹资格的名额。国家降低了对股权众筹融资的准入标准,其目的就是为了让更多的投资者能够参与其中,真正让股权众筹成为集"众"之力的融资渠道。

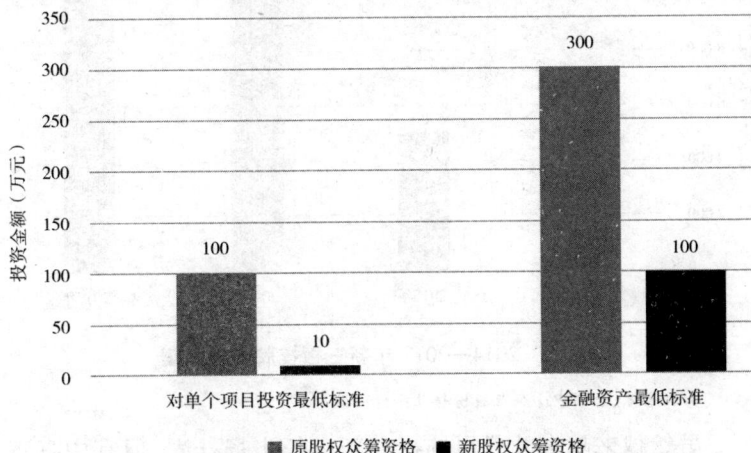

图4.1　股权众筹在修订标准前后的资格变动情况

4.1.2.5 "新三板+众筹"新模式出现

2012 年,国务院在全国范围内扩大非上市股份公司股份转让试点,新三板挂牌公司数量也因此出现了逐年上升的趋势,如图 4.2 所示,新三板挂牌公司数量从 2014 年的 1 572 家发展到了 2017 年的 11 630 家,新三板挂牌公司的数量在 3 年中增长了 6 倍有余。随着新三板挂牌门槛的不断降低,有越来越多的公司登陆新三板,同时也吸引了更多投资者的注意。

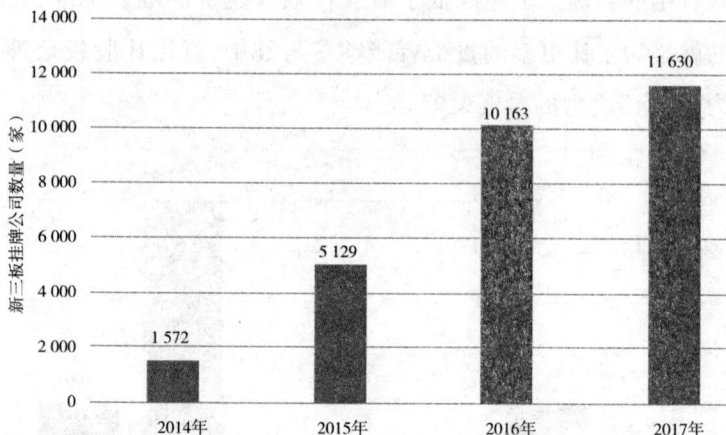

图 4.2　2014—2017 年新三板挂牌公司数量

数据来源：全国中小企业股份转让平台网站

虽然越来越多的公司选择在新三板市场挂牌，但其中真正能够以这样一个平台实现融资的公司仅有两成。其中一个原因是，目前新三板挂牌公司处于成长期，公司规模与经营业绩还没有达到和主板、中小板甚至创业板的水平，大部分投资者依然保持一个观望的状态；另一个原因是，新三板对于投资者的门槛很高，首先需要满足个体投资者证券投资经验已满两年，其次是投资者本人名下前一交易日的证券类资产市值达到 500 万元以上，这一门槛谢绝了很多想要尝试新三板的个人投资者。

受限于新三板的高门槛，很多个人投资者没办法投资类似海龙核科这样的高新技术领域的"潜力股"企业。俗话说"众人拾柴火焰高"，借助众筹平台，将很多不能达到新三板准入门槛的个人投资者集结在了一起，通过领投人的带领，将大量个人投资者的资金以基金的形式拧为一团，成功达到投资新三板的资格。

　　股权众筹的出现,让个人投资者能够以间接的方式参与到中小企业股权交易中来,不仅拓宽了投资者的投资渠道,而且为新三板市场带来大量的新鲜血液。于是,这种"新三板 + 股权众筹"的模式便应运而生。并且由于新三板有着较为严格的监管,从而能够为投资者披露更多的信息以及提供退出渠道的保障。

4.1.3　"众投邦"融资平台的选择

　　海龙核科股权众筹融资是通过"众投邦"股权众筹平台进行的。"众投邦"投融资平台是由深圳国富投资金融网络科技有限公司于 2013 年成立并运营的。众投邦通过挖掘中小企业股权交易系统,从中寻找可以创新的突破点,"众投邦"专注于新三板公司的投融资领域,通过股权众筹完成市场资金配置集资,使民间资本能够通过这种形式参与股权投资活动,为中小企业和投资者解决投融资问题。"众投邦"平台的业务主要包括了五大主体板块,建立在互联网股权投融资平台的基础上,利用智能投顾系统,发展区域产业基金制度,推动新兴产业的发展,努力将平台打造成新兴行业金融技术服务领域的标杆。

　　新三板挂牌公司众多,是否能够从中挖掘出具有发展潜力的中小企业就取决于是否拥有一支专业的团队,"众投邦"平台聚集了一批优秀的领投人与专家机构,能够识别出具有发展前景的企业和投融资的风险。平台也设立了定期沟通机制,能够加强领投人与投资者的沟通,为投资者了解项目的进展提供便利,消除了参与股权融资双方之间的信息不对称情况,这样更加能够保护投资者的利益,因此能够吸引更多的投资者通过"众投邦"平台进行投资,对于海龙核科这样的企业而言,拥有更多优质投资者自然是其选择平台首要考虑的因素。

众投邦具有金融机构、上市公司和风险投资公司等背景,并且具有较强的资本实力,其管理团队在金融、IT 等领域拥有丰富的工作经验,在信息披露以及风险控制方面比较完善,遵守所有相关规章制度,拥有一定的品牌影响力和行业良好的声誉。

4.1.4　海龙核科股权众筹融资方案

海龙核科在 2015 年通过新三板市场挂牌普通股股票发行定增融资方式进行融资。2015 年 9 月,海龙核科发布公告公布《股票发行方案》,发行对象为符合投资者适当性管理的战略投资者及其他机构或者个人投资者,其中计划通过"众投邦"股权融资平台实现 1 500 万元的融资额。融资过程中,包括天星资本以及九泰基金、苏州华西同诚基金和中核全联等在内的多家著名私募股权投资机构参与了本轮定增,此外公司股东还有国资背景的镇江高科创业投资有限公司。海龙核科股权众筹方案中注明了业绩承诺以及回购条款,对控股股东作出 2015 与 2016 年分别实现净利润 2 500 万元与 5 000 万元的承诺。针对本次股权投资有一年的锁定期,锁定完成之后如股价低于 25 元或是没能实现企业承诺净利润,都将按照 8% 的年化利息进行回购。

最终,通过新三板市场以每股 22 元的价格发行 506 万股,总共融资 11 132 万元,其中利用众投邦股权众筹平台融资 1 630 万元。海龙核科公司通过股权众筹的方式募集资金且取得了成功,并在 2017 年 10 月成功退出,成为新三板股权众筹的典型案例。

4.2　股权众筹融资的成效分析与对策

　　结合以上对海龙核科股权众筹融资的动因与方案介绍,跟相近时间段内的标杆中小企业的财务报表数据进行分析,从而针对股权众筹融资的效果进行综合分析。

　　如图 4.3 是股权融资和债券融资分别在传统方式和互联网平台的结构图。本节将从两个方面对融资效果进行分析:一方面,借助海龙核科披露的财务报表数据进行指标上的纵向比较分析,比较其通过股权众筹融资前后偿债能力和盈利能力的变化情况;另一方面,从融资成本、融资速度、资金来源与风险这几个角度将股权众筹与传统债券融资方式、P2B 为代表的网络融资模式做横向比较分析。

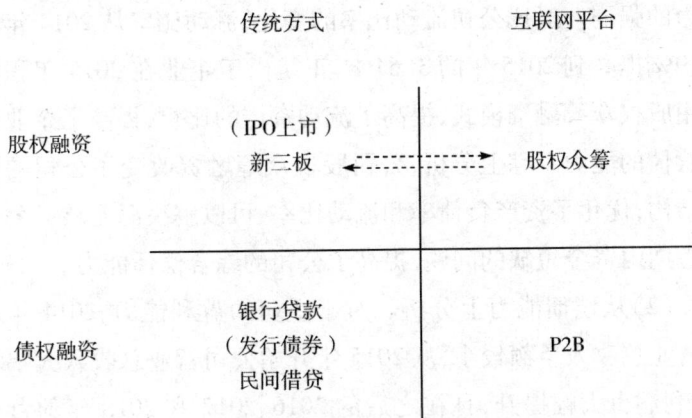

图 4.3　融资效果对比分析框架

4.2.1 财务指标分析

4.2.1.1 海龙核科财务指标

公司的财务数据情况可以反映出公司融资前后的偿债能力、盈利能力和财务风险,通过比较公司股权众筹融资前后的财务数据指标,可以看到股权众筹融资对公司具有较深的影响。

(1)从盈利能力上分析。根据表 4.1 所示,从 2015 年与 2014 年的总资产数据对比变化可以看出,海龙核科公司资产增加 1.6 倍以上,从将近 1.13 亿的总资产增加到近 3 亿的总资产。一方面是由于公司 2015 年在新三板挂牌,通过新三板进行融资;另一方面是由于股权众筹在其中也发挥了重要作用。从资产负债率可以看出,2014 年资产负债率为 43.79%,而在 2015 年年末公司通过使用股权众筹,使资产负债率得到了很大程度上的降低,进而加强了企业的长期偿债能力。流动比率是衡量一个企业资产的短期偿债能力的重要指标,它反映了资产变现能力的强弱。对比公司流动比率的变化,流动比率从 2014 年的 1.19% 提高到 2015 年的 3.64%,正是由于企业在 2015 年积极运用股权众筹融资模式,提高了流动资产的比重,提高了企业短期偿债的能力。综上分析,公司股权众筹融资改变了公司的资本结构,优化了资产负债率和流动比率,可以解决海龙核科公司在短期内资金短缺的问题,提高了公司的综合偿债能力。

(2)从偿债能力上分析。对于企业的盈利能力,2014 年企业营业总收入金额较小,从 2015 年开始公司营业总收入大幅增加,利润也大幅提升,且在之后的 2016、2017 和 2018 年的营业收入都有很高的增长率。2016 年的营业收入较 2015 年上涨了

67.8%,但其营业净利润却有所下降,说明其 2016 年的营业成本较 2015 年有了很大提高。其主要原因是,海龙核科属于高新技术企业,其营业成本有很大一部分为科研成本,所以资金的投入不可能在短期内给企业带来较高的利润。由于债券融资往往有期限的限制,海龙核科这类高新技术中小企业就需要寻求长期资金作为研发支持。海龙核科的产权比率在 2018 年实现了较大增长,盈余公积增多,同时也说明了公司的实力越来越雄厚,偿债能力在逐步增强。

表 4.1　海龙核科部分财务指标

时间　　项目	2018 年	2017 年	2016 年	2015 年	2014 年
净利润(元)	27 138 900	33 813 900	13 634 900	20 629 900	12 927 900
净利润同比增长率(%)	−19.74	147.99	−33.91	59.58	425.68
扣除非净利润(元)	18 358 300	28 412 400	8 573 300	17 086 600	6 290 400
扣除非净利润同比增长率(%)	−35.39	231.41	−49.82	171.63	25786.56
营业总收入(元)	241 334 402.4	182 074 966.5	114 876 881.7	68 453 031.24	46 289 748.24
营业总收入同比增长率(%)	32.55	58.50	67.82	47.88	111.70
每股基本收益(元)	0.23	0.87	0.367 9	0.691	0.547 2
每股净资产(元)	4.39	10.8	6.78	6.48	2.19
每股资本公积金(元)	2.5	8.11	4.65	5.42	—
每股未分配利润(元)	0.79	1.51	1.02	0.83	—
每股经营现金流(元)	−0.18	−0.88	0.42	−0.24	—
销售净利率(%)	11.25	18.57	11.87	31.89	27.93
销售毛利率(%)	32.52	47.65	37.02	63.21	62.89
净资产收益率(%)	5.47	10.71	5.56	18.35	34.38
净资产收益率 - 摊薄(%)	5.32	7.00	5.42	9.09	20.37
流动比率(%)	2.25	3.21	2.79	3.64	1.19
速动比率(%)	1.88	2.53	2.7	2.75	1.14

时间 项目	2018 年	2017 年	2016 年	2015 年	2014 年
产权比率(%)	0.34	0.25	0.23	0.24	0.78
资产负债率(%)	25.32	19.68	18.66	19.48	43.79
资产合计(元)	682 903 400	601 154 500	309 031 800	298 106 400	112 942 400
负债合计(元)	172 877 900	118 281 700	57 669 600	59 260 200	49 461 200
实收资本(或股本)(元)	116 220 000	44 700 000	37 060 000	37 060 000	29 000 000
资本公积(元)	290 945 628.6	362 465 628.6	172 409 024.8	173 527 890.5	26 852 796.14
盈余公积(元)	11 149 500	7 991 400	4 189 300	2 825 800	762 800
未分配利润(元)	91 696 500	67 715 700	37 703 900	25 432 400	6 865 500
归属于母公司所有者 权益合计(元)	510 011 600	482 872 700	251 362 200	238 846 200	63 481 200
少数股东权益(元)	13 900	63	—	—	—
所有者权益(或股东权益) 合计(元)	510 025 500	482 872 800	251 362 200	238 846 200	63 481 200
负债和所有者权益(或股 东权益)合计(元)	682 903 400	601 154 500	309 031 800	298 106 400	112 942 400

数据来源:海龙核科 2014—2018 年年报

4.2.1.2 杜邦分析

由表 4.2 的杜邦分析可以看出,在 2015 年年末完成股权众筹后权益乘数从 2014 年的 1.78 下降到了 1.24。该乘数越大,说明股东投入的资本在资产中所占比重越小,债权人的权益保护程度越低。企业的财务杠杆可以通过权益乘数来衡量,权益乘数越大则财务杠杆就越大,权益乘数和企业的财务杠杆大小成正比,和股东投入的资本在资产中所占的比重成反比。可以看出,2014 年的权益乘数较大,说明当时企业负债较多,财务杠杆较大,风险较高。在企业管理的过程中找寻的是一个最优资本结构,来获取恰当的 EPS/CEPS,以便于企业价值最大化的实现。因此财务杠杆不是越大越好。虽然高额的 EPS/CEPS 会造成杠杆的扩大,以至于企业价值随债务的增加而增加,但是财务杠杆扩大也使企业的破产概率提高,而破产风险又将导致企业价值下降。经过股权众筹使企业财务杠杆降低,减少了企业的风险,有利于今后企业的发展壮大。

表4.2 海龙核科主要财务比率

时间 项目	2018 年	2017 年	2016 年	2015 年	2014 年
权益净利率(%)	5.32	7.00	5.42	9.09	20.37
销售净利率(%)	11.25	18.57	11.87	31.89	27.93
权益乘数	1.34	1.25	1.23	1.24	1.78

从图 4.4 中可以看出,海龙核科 2015 年的销售净利率最高,可能是新三板上市和股权众筹的结果。而 2016 年及之后的销售净利润有所下降,是因为高新技术产业需要一定的发展周期,且发展壮大的企业不一定能够始终保持高于 30% 的销售净利率,这并不能说明企业发展受挫,10% 以上的增长率是可以接受的。

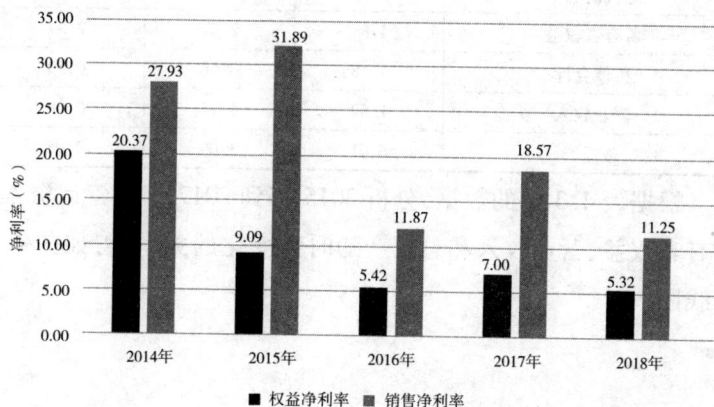

图4.4 海龙核科主要财务比率

4.2.1.3 Z 值模型分析

Z 值模型是运用多个财务指标来综合反映企业的财务状况,通过计算 Z 值来确定海龙核科股权众筹融资前后的财务风险,Z 值的公式为:

$$Z = 0.012X_1 + 0.014X_2 + 0.033X_3 + 0.006X_4 + 0.999X_5$$

其中,X_1 = 营运资本/总资产(%),营运资本是指流动资产减去流动负债(短期负债等)后的余额;X_2 = 留存收益/总资产(%),留存收益是每年的盈余公积和未分配利润的总和;X_3 = 息税前利润/总资产(%),X_4 = 所有者权益/负债总计(%),X_5 = 营业收入/总资产(%),利用表 4.1 的数据再结合公司资产负债和现金流量表求出上述所需要的数据得出表 4.3。

表 4.3　海龙核科部分重要财务指标　　　　　单位:亿元

时间 项目	2017 年	2016 年	2015 年
营运资本	3.76	1.27	2.04
留存收益	0.89	1.02	0.9
息税前利润	0.39	0.14	0.2
所有者权益	4.83	2.51	2.39
负债合计	1.18	0.58	0.59
营业收入	1.82	1.15	0.68
总资产	6.01	3.09	2.98

根据表 4.3 中的数据,分析 2015 年到 2017 年的营运资本、所有者权益、营业收入和总资产随时间变化的关系,得如图 4.5 折线图:

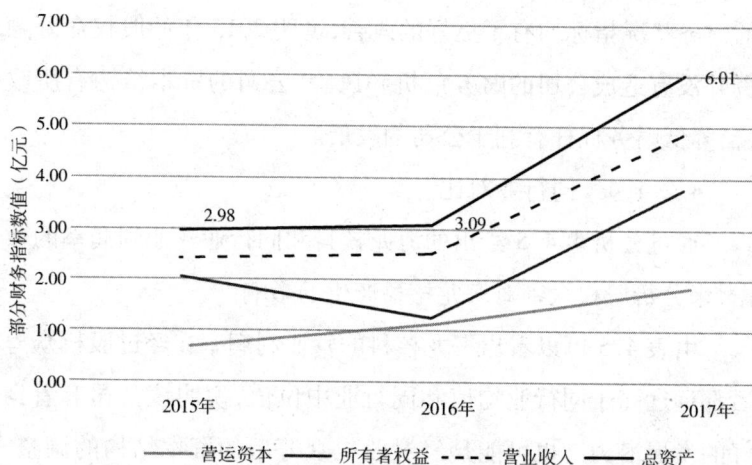

图 4.5　海龙核科部分财务指标

由此得出海龙核科 2015 年到 2017 年 Z 值分析见下表 4.4：

表 4.4　海龙核科指标计算　　　单位:%

指标＼时间	2017 年	2016 年	2015 年
X_1	50.9	41.1	68.4
X_2	14.8	33.0	30.2
X_3	6.5	4.5	6.7
X_4	409.3	432.8	405.1
X_5	30.2	37.2	22.8
Z 值分数	33.8	41.0	26.8
Z 值结果描述	良好	良好	良好

当 Z 值 <1.81 时,表示公司财务状况堪忧;当 1.81 < Z 值 <2.675时,表示公司目前财务状况不稳定;当 Z 值 >2.675 时,表示公司财务状况良好。2015 年股权众筹后 Z 值分数为 26.8,远大于 2.675 的边界线,2016 年和 2017 年相对于 2015 年

的财务状况指标均有了更好的改善,说明 2015 年的股权众筹融资并没有造成公司的财务危机和风险,公司的资本结构有所改善,降低财务杠杆有利于公司的发展。

4.2.1.4　同行业对比

通过分析表 4.5 给出的海龙核科和同行业营业利润率的数据,来分析股权众筹对海龙核科产生的影响。

由表 4.5 可以看出海龙核科的营业利润率在经过股权众筹后都远远高于同行业均值和同行业中位值,说明该公司有着良好的发展潜力。也可能是经过股权众筹后的资本结构的调整,使公司的财务杠杆下降,从而拥有更多的发展空间,促进企业不断进步。

表 4.5　海龙核科和同行业财务相关指标

指标　　　时间	2015 年	2016 年	2017 年	2018 年
营业利润率(%)	63.21	37.02	47.65	37.52
同行业均值	−0.01	5.32	2.71	3.23
同行业中位值	22.24	16.32	−1.02	−0.11

由图 4.6 可以看出,海龙核科的营业利润率在 2015 年的股权众筹后就高于同行业均值 −0.01,而在之后的三年中均保持着良好的发展趋势,且均高于同行业均值以及同行业中位值,特别是在 2017 年和 2018 年同行业中位值都为负数的情况下还能分别保持 47.65% 和 37.52% 的增长率,说明其属于发展型企业。

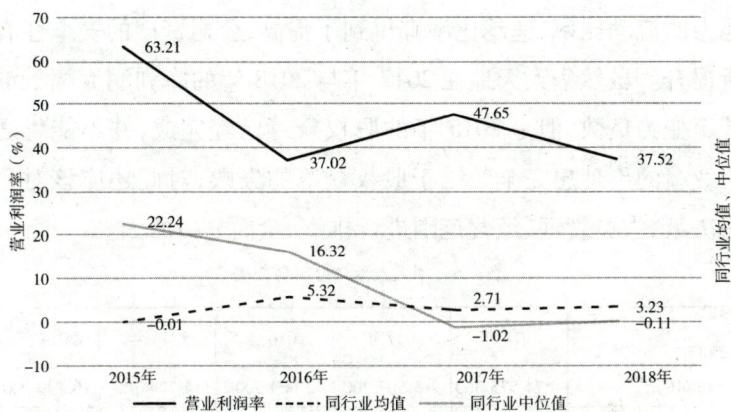

图 4.6　海龙核科和同行业的财务指标对比

将海龙核科与同样在 2015 年完成股权众筹的华人天地公司进行对比,从表 4.6 中可以看出 2015 年年末华人天地公司的资产负债率明显降低,这主要是由于企业在 2015 年的 2 月和 5 月进行了新三板定向增发股权融资。公司的总资产基于融资前有大幅度的增加,公司负债没有明显增长,在进行股权众筹后资产负债率从 2014 年的 29.58% 下降到了 2015 年的 9.49%,资产负债率的显著下降是企业长期偿债能力提高的表现,说明股权融资能够优化资产负债率和流动比率。同时,融资前华人天地公司 2014 年营业总收入为 2 606.89 万元,净利润 1 019.9 万元,融资后两者都得到了增加,融资效果明显,公司的营业收入大幅度提高。流动比率是衡量一个企业资产的短期偿债能力,流动比率越高,企业资产变现能力越强。华人天地有效利用所融资金发展公司业务,促进了公司流动比率的提高。

海龙核科和华人天地净收益实现快速增长均是在完成股权众筹后,说明了长期偿债能力的资产负债率均有下降,短期偿债

能力的流动比率、速动比率都得到了提高,公司资产的安全性有
所提升。虽然华人天地在 2017 年与 2018 年的净利润大幅下滑
甚至变为负数,但是 2015 年的股权众筹已经完成,并不能将之
后业绩的不理想完全归结于股权众筹的失败,对此还应该对公
司决策、人员管理、经营范围进行排查,全面分析原因。

表4.6 华人天地年度财务报表

项目 \ 时间	2018 年	2017 年	2016 年	2015 年	2014 年
净利润(元)	− 24 525 300	− 5 509 200	2 669 900	14 724 700	10 199 000
净利润同比增长率(%)	− 345.17	− 306.35	− 81.87	44.37	109.09
扣非净利润(元)	− 24 875 300	− 5 676 400	2 061 100	13 912 500	9 978 700
扣非净利润同比增长率(%)	− 338.22	− 375.40	− 85.18	39.42	104.58
营业总收入(元)	33 809 058.95	2 605 566.03	10 231 409.58	35 650 088.33	26 068 907.58
营业总收入同比增长率(%)	1 197.57	− 74.53	− 71.30	36.75	103.49
基本每股收益(元)	− 0.3	− 0.07	0.03	0.49	1.019 8
每股净资产(元)	1.55	1.85	1.92	1.89	2.79
每股资本公积金(元)	0.52	0.52	0.52	0.52	0.23
每股未分配利润(元)	− 0.003 9	0.3	0.36	0.34	1.41
每股经营现金流(元)	− 0.006	− 0.12	− 0.23	− 1.06	− 0.7
销售净利率(%)	− 72.54	− 211.44	26.09	41.30	39.12
销售毛利率(%)	− 24.29	63.54	76.29	62.28	67.02
净资产收益率(%)	− 17.67	− 3.58	1.72	12.74	44.82
流动比率(%)	5.28	6.65	24.18	10.47	3.28
速动比率(%)	1.52	1.42	4.58	3.79	1.12
产权比率(%)	0.22	0.18	0.07	0.1	0.42
资产负债比率(%)	18.14	14.95	6.47	9.49	29.58

4.2.2　融资成本分析

融资成本是中小企业在选择融资方式的时候考虑的首要因素,融资渠道的选择决定其融资成本的构成。

4.2.2.1　传统债权融资方式成本

在传统的中小企业融资方式中,企业的融资渠道大致包括两种方式:一种是通过银行机构进行融资,主要是通过国有商业银行或是股份制商业银行这类渠道融资,另一种则是通过民间非银行机构融资,主要是通过小额贷款公司、融资理财公司、民间借贷等渠道短期借贷。采用第二融资渠道融资往往是因为企业达不到银行机构的融资要求而不得不做出的选择。

海龙核科通过股权众筹平台的最终融资额为 1 630 万元,从表4.7可以看出,如果企业选择通过传统的融资方式进行融资,假设企业的项目能够达到银行机构的融资标准,那么企业可以选择通过抵押贷款、企业联保贷款等方式来进行融资,通过借用某市中小企业的几种融资方式和费率情况表来看,企业的综合成本率都在10%以上,相当于企业需要承担至少163万元的融资成本。

表4.7　不同资金来源融资成本对比

类型	成本
自有资金	以机会成本为主要成本,无风险利率不定,多为 10% ~ 20%
银行借入资金	以银行贷款基准利率为基础,在 10% 以上
基金借入资金	10% ~ 18%
P2P 平台资金	资金成本 15% ~ 20% ,另外每月千分之二的充值成本和推广成本

根据中国人民银行发布的数据,我国中小企业能够获得银行系统提供的贷款的不足五成,仍然有超过一半的中小企业无

法通过这种方式进行融资,这类企业只能寻求民间融资机构或者是民间借贷等融资方式。而通过表4.7可以看出,民间借贷的成本要普遍高于银行机构的成本,企业难以获得长期的资金,并且需要承担12%～24%的融资成本,以海龙核科本次融资额1 630万元为计算基数,取民间借贷融资成本的算术平均值18%来计算,不考虑其他影响因素,企业也至少需要承担293.4万元的融资成本。因此,企业如果通过民间借贷方式进行融资,其成本是很高的。

在互联网金融大发展的背景下,催生出大量的P2B网络平台。P2B其实就是个人投资者借助互联网平台向中小企业实现投融资的服务。P2P平台扮演的是中介机构的角色,通过专业的风险控制管理方式,对投资者投入资金的安全性、借款企业融资信息的真实性以及其抵押物的有效性进行专业审核与综合评估,在此基础上利用第三方资金托管与第三方担保的方式来分散整体运营风险。由表4.7可得最低资金成本为17%即277.1万元,远大于最低银行贷款成本。

4.2.2.2 股权众筹融资成本

从目前我国股权众筹平台的盈利模式来看,企业通过平台的融资成本主要有交易费、会员费以及其他附加服务费组成。海龙核科在2015年通过股权众筹融资平台进行融资,当时平台的各项费用合计费率为3%～5%,除此以外,公司在股权众筹回购条款中对控股股东做出2015年与2016年分别实现净利润2 500万元与5 000万元的承诺。如果承诺的8%年化利息作为计算基数,加上平台的各项费用合计费率的算数平均值作为计算标准,海龙核科的1 630万元融资的成本约为195.6万元。

由此,我们可以比较出股权众筹融资的成本与传统融资方式中银行贷款的成本、新兴互联网平台 P2B 借贷融资的成本孰高孰低。

目前国内中小企业融资的费用组成的每一项支出都是企业的负担,本身中小企业盈利就很薄弱,又有此项的压力更难承担,中小企业面临的压力主要在于贷款成本高。此外,根据中国人民银行发布的数据显示,我国中小企业获得银行贷款的比例不足 50%,所以说超过一半的中小企业获得不了银行贷款。

无论是中小企业传统的融资方式,还是像 P2B 网贷等通过互联网作为平台的新兴融资方式,他们的本质都是债务性质的融资。而股权众筹融资最大的特点是它给中小企业提供并拓宽了对外进行权益性融资的渠道。仅从债务性融资和权益性融资的比较来看,债务性融资方式存在固定的利息支出,并且借入的资金有固定的期限,企业通过债务性融资,偿还的压力会比较大,因此会对财务造成较大的风险。虽然根据优序融资理论,相较于权益融资,中小企业应优先选择债务融资,但是得益于互联网平台的支持,很多由于信息不对称所造成的交易成本费用降低,从短期来讲,权益融资的融资成本反而相对较低。

在税务成本方面,国家对小微企业的税收优惠就在逐年增多,公司注册资本也同时降低。虽然海龙核科在 2014 年和 2015 年的财务报表中显示没有得到国家税务相关优惠,但是海龙核科通过股权众筹融资的方式可以合理避免其他融资方式的税务成本。根据国家针对税费问题的调查显示,企业通过传统的股权融资方式进行融资,融资成本中有超过 37% 的成本为中介税费和国家政府的税费,如此高的税费大大加重了小微型初创企业的融资负担。但是股权众筹能够有效避免大部分的税费,以缓解小微企业的融资成本问题。

仅从短期的融资成本的角度来看,通过计算,民间借款的成本最高,其次是 P2B 网贷,银行贷款的融资成本相对最低,而股权众筹成了银行贷款之外成本相对较低的融资方式。而且有些公司在进行股权众筹过程中是以股权的形式来换取股权众筹平台的服务,这种情况下,股权众筹的成本甚至可能会低于上述计算出的成本。因此,仅从短期融资成本来看,股权众筹相较于其他债务性融资具有一定的优势。

4.2.3 融资速度分析

除了考虑融资成本,融资速度也是企业在选择融资方式的过程中会重点考虑的因素。尤其是像海龙核科这类以技术研发为基础的科技型企业,由于技术更新速度快,而应用新技术生产出的产品的溢价率以及利润率往往是比较高的,因此企业想要走在行业前列,就必须紧跟领域内的技术前沿,才能快速地抢占市场,坐到行业领先的位置。而要做到这一切,对融资的速度提出了更高的要求,资金能否及时到位成了选择融资方式的重要指标。

4.2.3.1 中小企业融资现状

我国中小企业有着行业分布广和生产规模小的特点,从加工业到技术产业再到文化产业,随处可见,中小企业已成为我国经济发展的重要组成部分。内源融资和外源融资是我国中小企业的两个主要融资方式,其中内源融资是企业自有资金,外源融资主要是银行贷款、民间借贷以及公开市场发行股票或债券进行的融资。

根据企业融资优先理论,内源融资是企业的首选融资方式,它的特点是成本低、风险小,但是大部分中小企业盈利能力有限,不能完全满足企业经营发展的需要,因此大部分中小企业会转向外源融资的方式。

外源融资分为直接融资和间接融资,其中间接融资是通过银行金融机构融得资金的方式。但是,信贷配给理论中,大多数中小企业由于自身规模小,财务经营管理不健全以及信用历时时间短,不能从银行取得贷款,这对于中小企业进一步发展是巨大的阻碍,资金不到位限制了公司继续扩大规模和技术进步。根据数据对银行贷款渠道进行分析,如下表 4.8,显示了部分国家中小企业的银行贷款情况:

表 4.8　部分国家中小企业的银行贷款情况比较　　　　单位:%

国家	美国	英国	德国	意大利	中国
银行贷款占融资总额比例	4.45	5.68	6.79	31.44	3.12
银行贷款占外源融资比例	20.33	14.53	14.54	42.77	10.65

从表 4.8 看出,与其他国家相比,我国银行对中小企业贷款占比明显较低,在银行贷款占融资总额比例中,甚至才有意大利的十分之一。

图 4.7 和图 4.8 分别是银行贷款占融资总额比例和银行端占外源融资比例,可以看出无论是美国、英国、德国还是中国银行贷款占融资总额比例都不到10%。说明这些国家银行贷款并不能完全解决融资问题,相比于融资总额只占很小的一部分,并不能发挥重要作用,而只有意大利超过了10%达到31%,说明在意大利银行贷款是融资行为的重要组成部分。

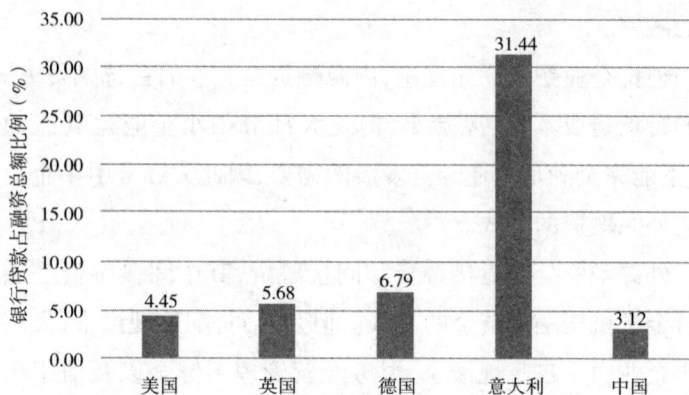

图 4.7　银行贷款占融资总额比例

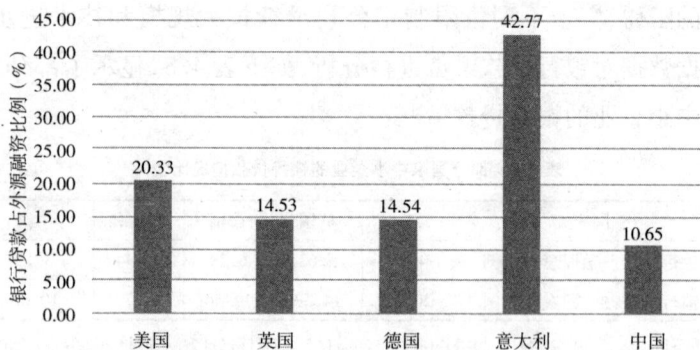

图 4.8　银行贷款占外源融资比例

虽然近几年国家在中小企业进行银行贷款时有一定的优惠利率政策,但是许多中小企业除了可以获得一定数额的贷款外,由于国内宏观调控政策和金融紧缩政策的出台,中小企业在进行融资的过程中融资成本是在不断上升的,更多的中小企业并不能够享受到国家的优惠政策。

4.2.3.2　传统债权融资方式的速度

在传统债权融资方式中,通过银行机构进行融资,其处理程序比较复杂,往往需要一个较长的审核流程,尤其是银行机构对于中小企业的审核更为严格,在审批放款前需要对企业的偿债能力与盈利能力进行全面评估。因此,企业在使用这种方式进行融资时,资金的到位速度会相对较慢,平均也至少需要3～6个月,在金额相对较大的情况下,本章案例中海龙核科融资的1 630万元,如果经过银行审批制度进行,完全到位可能需要长达半年以上。这也是很多中小企业在资金需求紧迫的时候,转而投向通过民间借贷融资的主要原因。

4.2.3.3　股权众筹融资的速度

股权众筹与P2B融资类似,借助互联网平台发布项目信息,投资者可以随时随地了解和投资到项目中,不受时间与空间的限制。除此之外,股权众筹虽然需要经过互联网平台的真实性与可行性的审查,但是整个审查过程是比较快的。项目一般会设定一个融资期限,无论融资计划是否成功,都会按照计划结束融资。如果项目的市场反馈很好,筹资方就可以迅速地筹集到想要的资金,如果项目的反馈不佳,那么也会及时宣布融资计划失败。海龙核科通过股权众筹平台进行的1 630万元融资,从发布项目到完成融资仅仅花了21天的时间。

4.2.4　资金来源与风险分析

4.2.4.1　传统债权融资方式的资金来源与风险

企业融资的难易程度与资金的来源也是息息相关的,如果企业的资金来源的范围比较广,企业就更容易筹集到资金。相反,如果资金来源相对单一,企业想达到预期融资额就相对困难,比如企业通过银行机构进行融资,这种融资方式的资金来源就比较固定。但是从法律监管的角度来看,因这种融资方式历史悠久,相应的法律法规也都比较完善,所以通过银行机构进行融资的手续是比较复杂的。但也明确了筹融双方的责任与权利,很大程度上降低了筹资者的风险,也同时保障了融资方资金来源的安全性与稳定性。通过民间借贷方式进行融资的,资金大部分是来自个人投资者,资金来源参差不齐,需要大量的线下沟通时间成本,想要获得安全系数高且规模相对较大的资金时,相对困难一些。民间借贷这种融资方式的历史虽然也很长,但是借贷双方往往容易因为手续不健全而出现各种纠纷,又缺少第三方作为担保与监督,使得法律难以进行监管。

4.2.4.2　P2B 网络融资的资金来源与风险

互联网金融平台的搭建很好地减少了信息不对称造成的沟通成本,相比传统的债权融资方式,P2B 的融资模式能够吸引到更多的民间资本,使得资金的来源更加广泛。但是由于互联网金融是新时代的产物,相关的法律法规虽然在不断完善,目前仍没有形成一个相对成熟的体系。尤其是前几年网络贷款方面相关法律的空白,造成了一些不法分子通过 P2B 平台进行大量筹资后卷款逃跑的情况,很大程度上影响了个人投资者通过 P2B 模式投资的积极性。

4.2.4.3　股权众筹融资的资金来源与风险

相比债券融资,股权融资的资金来源本身就更加广泛,只不过通过吸纳股权的方式进行融资的门槛很高,作为中小企业只能望而却步。但是股权众筹融资模式的出现,给中小企业拓宽了新的融资渠道,使得来自民间的"大众创业、万众创新"有了活的源泉。从投资者的角度来看,股权众筹面向了更为广大的"草根"群体,而不再仅仅局限于金融机构、风险机构以及部分资金充裕的天使投资人。

互联网平台作为第三方的监督与担保,一定程度上保障了企业融资来源的安全性与稳定性。但从法律监管的角度来看,也存在和 P2B 一样的问题,其中最为亟待解决的问题是目前股权众筹融资方式缺乏相应的退出渠道,这个问题的存在会极大程度上影响股权众筹融资的发展。因为传统的股权投资,不存在资金退出的问题,只要是在二级市场流通的股票,都可以在规定的范围内进行自由交易,而利用股权众筹融资的大部分中小企业缺少这样一个平台。投资者持有的股份并不能够进行自由交易,导致股权缺乏流动性,使得股权的价格出现下跌。投资者的积极性不高,也一定程度上制约了企业通过这种方式继续融资。

海龙核科在项目说明书上明确了回购条款,这也是大部分股权项目采用的一种方式,一定程度上保证了投资者投入资金的安全性。在这个基础上,海龙核科与众不同的是,公司在 2015 年 7 月 1 日宣布由协议股价转变为做市转让的交易方式。增强了其股权流动性,让投资者可以根据自己的投资需求选择是否继续持有股份,为投资者提供更多更好的退出渠道。借助新三板平台实现股权众筹资金的退出,弥补了以前股权众筹没有好的退出渠道的短板,一定程度上减小了投资者的风险,提高了投资者对于股权众筹投资的热情。2017 年 10 月,海龙核科的股权众筹项目成功实现退出,给未来的股权众筹投资者们提供了信心。

综合来看,中小企业通过银行贷款依旧是安全且相对成本较低的融资方式,但是对于一部分高新技术领域的中小企业而言,资金的来源是否广泛且质量是否较高,资金到位的速度是否及时也是非常关键的因素。而随着互联网平台的不断完善、相关的法律法规陆续出台,民间借贷这种传统的融资方式会被逐渐取代。

4.3　海龙核科股权众筹存在的优势

4.3.1　拓宽了融资渠道和退出渠道

资金是企业的"血液",良好的资金循环对企业的健康发展起着尤为重要的作用。海龙核科作为一个文化创意类中小型企业,曾在 2015 年一年内就进行了三次定向增发,可见其对资金的需求量是很大的。然而,众所周知,中小型企业在我国具有融资难、融资贵的问题,融资渠道相对单一,在我国的融资环境下去银行贷款一直是举步维艰,就算融资成功,很多投资者也难以全身而退。为解决这些问题,海龙核科利用新三板股权众筹进行了一次成功的融资。

首先,股权众筹是互联网普惠金融发展的代表,它的出现解决了成千上万中小企业的融资问题,融资者只需将融资项目详尽地展示在众筹平台上,个人投资者就能通过互联网快速便捷地进行投资,与企业共享收益、共担风险。此外,股权众筹大大降低了投资者的投资门槛,使得更多有意向进行投资的投资人参与其中。

其次,新三板与股权众筹的结合完美承接了投资者的退出和后续的融资问题。新三板本身的定位就是为了弥补我国多层次资本市场的不健全问题,其低门槛的挂牌条件使得众多中小企业争相进入,并且企业在挂牌的同时就能进行定增融资,节省了企业的时间成本。因此,当投资的企业不能被收购或是在主板上市时,在新三板挂牌进行定向增发或者以做市交易的方式进行股份转让,就能使投资者顺利退出,较好地解决了股权众筹融资的退出难问题。

4.3.2 提高了融资效率

传统的融资模式如向银行申请贷款往往需要花费较长的时间和较大的成本,企业去银行申请贷款时,银行通常会要求企业提供尽可能多的详尽信息,同时,对项目的严格审核及长审核周期,使得企业融资效率低下。

在本章案例中,通过比较海龙核科进行银行贷款和股权众筹的申请时间和融资成本上来看,股权众筹的效率远高于传统融资模式。其主要原因是:股权众筹是一种通过互联网进行融资的新型融资模式,根据互联网金融理论,互联网是面向所有网络用户的,其传播的快速和广泛性大大提升了融资项目的发布效率。同时,股权众筹和传统融资模式不同的是,它只需向众筹平台提供融资项目的具体信息如项目描述、团队成员、商业计划书等就能对项目进行线上审核,审核过后融资项目便会得到广泛的传播,这比银行融资前的层层审核要快很多。并且,海龙核科股权众筹是通过国内知名的众筹平台众投邦进行融资的,众投邦在业界口碑良好,有一套完善的融资流程,素以专业闻名。在这样的平台上融资,效率的提升更是毋庸置疑。除此之外,众筹平台会及时更新项目的发展状况和进度,公众可以随时监督观察,若发展势头良好,更容易吸引大批投资者的进入。事实证明,从平台展示融资项目开始,海龙核科只花了三个月时间就筹集到了全部所需资金,其速度之快、效率之高令人称赞。

4.3.3　降低了融资风险

只要是融资就不可避免地存在一系列风险,对投融资者来说都是如此。海龙核科通过新三板股权众筹的新型融资模式,弱化了融资双方信息不对称的情况,有效地降低了投融资双方的风险。

对于融资方来说,股权众筹平台是一个开放的平台,其提供了融资的新场所,有效地缓解了海龙核科的融资困境。同时,海龙核科可通过新型融资模式进行融资,从而避免进入银行等更高风险的融资市场,这种融资方式无需还本付息,大大减轻了企业的债务压力,使它能把更多的资金投入到企业的发展中去,提高了资金的利用率。

对于投资方来说,海龙核科在新三板挂牌保障了其信息披露程度,在众投邦上对融资项目的详尽描述和及时跟进保证了信息的对称性,投资者能够尽可能多且真实地了解企业项目的信息以及融资后资金的使用情况,降低了投资者由于信息不对称带来的风险。同时,股权众筹"领投 + 跟投"的融资模式也较大地分散了投资者的风险。除此之外,海龙核科设置的回购条款、业绩保障条款、估值调整条款以及新三板股权众筹的退出机制都在为投资者的利益保驾护航,几乎为零的风险使更多投资者愿意参与其中。

通过分析海龙核科股权众筹融资的动因与成效,可以得出股权融资具备成为中小企业有效融资渠道的条件,提高了中小企业的融资效率,新三板的加入也让股权众筹有了更好的资金退出渠道,能够吸引更多中小企业投资者。但是股权众筹融资也存在一些风险,一方面,相关法律法规仍不完善;另一方面,新三板市场与股权众筹行业还不成熟。相信在弥补了信息不对称问题的前提下,在法律制度不断完善中,股权众筹能够成为广大中小企业融资的重要选择。

4.4　海龙核科股权众筹存在的问题

尽管海龙核科新三板股权众筹为中小企业融资开辟了新的道路,解决了中小型初创企业融资难、融资贵的问题,但不可否认股权众筹依旧存在许多问题,主要表现在法律法规、风险控制、信息披露、接受程度等方面。

4.4.1　法律法规问题

任何模式的兴起和发展都离不开法律法规的约束,股权众筹也是如此。2014 年,我国出台了第一部关于股权众筹的行政法规——《私募股权众筹融资管理办法(试行)(征求意见稿)》,规定了一系列关于投融资主体以及融资平台的问题。随后的一些法律法规虽然也对股权众筹起到了一定的约束和管理作用,但远远不能和其发展速度相匹配,这导致股权众筹缺乏相应的法律法规指导与约束。与此同时,我国相关法律法规在界定企业公开发行证券融资和非法集资方面也非常严格,因没有充分考虑股权众筹作为新兴融资模式的特殊性,使得股权众筹的定位更加模糊,经常游走在法律的灰色地带,稍不留神就可能触碰法律的边界。由于股权众筹的性质和定义不太明确,关于股权众筹平台的创建和监管存在漏洞和缺失就不难理解了。

4.4.2 风险问题

海龙核科进行股权众筹存在风险不言而喻,投、融资方以及平台三方都不可避免,且对投资者来说尤为明显。

投资方在股权众筹中面临的风险是三者中最大的。首先,由于海龙核科采用的是"领投 + 跟投"的模式进行融资,专业性强、经验丰富的领投人和若干跟投人组成有限合伙公司对海龙核科进行投资。然而,融资成功后,跟投人并不具备和领投人一样的权力参与到公司的经营管理中去,而是由领投人代为行使权力,跟投人在项目中的参与程度及对信息的把控程度非常低。当执行事务合伙人是同一个时,这加大了二者私下串通牟利而损害其他投资人利益的可能性。其次,投资者缺乏一定的风险意识。海龙核科通过股权众筹的方式大大降低了投资者的进入门槛,然而这些"草根"投资者往往缺乏相应的专业知识以及评估风险的能力,投资容易缺乏理性判断。他们在投资过程中往往只关注到高额的收益,而忽略了投资回收期、股权流动性以及企业经营风险等一系列问题,这些都增加了投资者所面临的风险。最后,投资者需通过互联网参与投资,众筹平台要求投资者进行实名注册,而互联网具有不稳定的风险特质,一旦遭到技术攻击或是操作不当,海量投资者的信息就会被泄露。

融资方面临的主要问题来自知识产权保护方面。通常来说,利用股权众筹进行融资的项目发起人为了尽可能多地吸引投资者,往往要在众筹平台上发布融资项目的详尽信息,包括一些产品的设计理念、外观图、使用说明、商业计划书以及团队成员信息等等,这能让互联网另一端具有投资意愿的投资者更好地了解融资项目,从而提升融资成功率。但是,总有一些居心不良的拿来主义者会通过平台发布的详尽信息对产品进行剽窃,并很可能率先生产出此类产品并在市场上销售,这将导致融资方遭受极大的损失。因此,对于融资方来说,知识产权风险是融资过程中需要解决的最大问题。除此之外,由于海龙核科在此次融资中设置了股权回购和业绩保障条款,一旦融资失败,会承担比普通形式融资更大的损失。

对于融资平台来说,信誉风险不容忽视。之前提到的信息泄露不仅对投资者的权益产生了危害,也影响了融资平台的信誉,容易对其今后的发展造成不利影响。同时,众筹平台对融资项目资金的使用情况有监督管理的责任,众投邦作为国内数一数二的大型众筹平台,其项目必然不会少,项目的广泛性和分散性极易引起平台监管的不到位,从而影响平台的声誉。

4.4.3 信息披露问题

之前的分析中已经提到,不论是对投资方还是融资方来说,信息披露不规范都会对其产生不利影响。企业可通过新三板来加快适应市场转变的速度,新三板和股权众筹相结合更是大大降低了中小型初创企业的融资门槛,且形成了对企业融资项目审核和披露的最大开放化。但由于新三板市场和股权众筹出现的时间不长,发展不尽完善,内在和外在都存在很多不足,缺少完善的信息披露制度,加剧了投融资双方信息不对称的情况出现。

尽管海龙核科在融资过程中并没有出现此类风险,但在众投邦上过于详尽地展示自己的项目信息加剧了项目被剽窃的风险,但信息披露不足又影响融资效果,道德风险和逆向选择的问题也是海龙核科融资过程中信息披露的问题之一。

4.4.4　人们对新型融资模式的认知问题

股权众筹在我国兴起于 2011 年,并处于发展初期,还是半个新鲜事物,而新三板市场也并不像主板、创业板等市场一样拥有较高的知名度。因此,新三板和股权众筹相结合的融资模式就鲜为人知了,更不用说被广泛接受和认可。同时,由于国家法律法规对股权众筹的界定不明显,在一定程度上引起了社会公众的诟病。另一方面,同私募基金和风险类投资类似,股权众筹投资人获取回报的方式主要是通过分红、获得利差和抛售股票三种,但往往退出周期很长,股权的流动性会受到一定的限制,这导致大量的"草根"投资者对这种新型融资模式的认可度降低,并在相当程度上影响了投资者的投资热情。

第5章　雷神科技股权众筹项目案例研究

5.1　雷神科技在股权众筹模式下的案例介绍

5.1.1　雷神科技概况介绍

5.1.1.1　公司简介

青岛雷神科技有限公司(简称"雷神科技",英文名"Thun-derobot"),成立于2014年1月,是一家专业做游戏装备,在粉丝驱动模式下的互联网游戏产业公司。雷神科技致力于让每一个游戏爱好者都能拥有极致的游戏体验,现已发展出一站式服务的服务平台,以及集合硬件产品销售、游戏问询及内容、电竞、娱乐产业为一体的企业运营思维模式。该公司是国内第一家专业从事设计、研发和销售游戏笔记本的公司,经过七年的持续发展,雷神科技已成为游戏爱好者最喜爱的游戏笔记本品牌之一。

5.1.1.2　公司发展历程

雷神科技公司最初的创业者是原海尔集团笔记本事业部总经理路凯林。2013年,仍是海尔集团员工的他,在统计销售数据时发现,虽然当时的传统笔记本市场十分不景气,市场规模和销售量大规模下滑。但是游戏本这一细分市场的规模却仍处于增长状态。与此同时,倚靠着老牌家电巨头海尔集团,路凯林带领自己团队的初创人员——李欣、李艳兵和李宁,搜集游戏笔记本的常见问题,调研主流电商平台和网站上关于笔记本售后的上万条差评,找准产品需要改进的关键点和游戏本的技术突破点,在相关的各大论坛和贴吧上发帖,与大量用户交流确认,并将此结果作为产品改进的关键点。在海尔集团鼓励内部员工争做创客的环境的推动以及浓厚的创客文化的感染下,该团队于2013年成功销售了第一批游戏本,并得到了消费者的认可。在此之后,路凯林向海尔递交了创业申请。2014年1月4日,"雷神科技"宣布成立,同时在市场上推出了首批笔记本产品;2014年4月,雷神科技有限公司正式成立。陆凯林和他的合伙人在海尔集团的支持下,耗时三年,在笔记本市场低迷的时期闯出了自己的一片天地,并且成了游戏笔记本行业的领导品牌。

雷神科技有限公司在企业成长过程中,非常注重对社区的构建及管理。在"百度贴吧",雷神科技设立"雷神社区",并通过"微博""微信"等社交平台同粉丝进行多种方式的交互。雷神科技不仅在互联网上与粉丝线上互动,也在线下开展全国各地的粉丝见面会、交流会。首批产品获得消费者的认可后,雷神科技的第二批笔记本产品在2014年1月15日,在短短的21分钟内实现了3 000台笔记本全部销售一空的神话。2014年7月,游戏笔记本的核心产品——"雷神911"正式上线,上线的500台在1秒内被抢空,随即第二批3 000台也在10秒内被抢空。截至2014年12月,"雷神911"销售量为5.82万台,取得了京东、天猫商城笔记本销量榜第二名的业绩。在市场占有率方面,在天猫、京东等网销平台中,雷神科技曾连续获得该行业销售业绩的前三名。与此同时,雷神科技产品的更迭速度和频率更是惊人,曾在 15 个月内产品更迭达七次,其发展速度飞速增长,在市场上的占有量也在逐渐扩大。

2014 年,是雷神科技高速发展的一年。2014 年 12 月,天使投资机构"麟玺创投"向雷神科技融资了 500 万元。雷神科技十分注重游戏本的玩家体验,为获得更好的反馈,曾斥资 1 800 万元研发雷神私模产品 M‒911。M‒911 成功发行后,连续两年获得销量冠军。2015 年 3 月,京东集团组织的股权众筹发布会在北京顺利召开,京东创始人刘强东出席发布会,与罗永浩、俞敏洪、天使投资人薛蛮子等商业成功人士一起畅谈"股权众筹"和创业生态圈,雷神科技在此次京东股权众筹中获得 1 500 万元融资。2015 年 5 月雷神科技打破了中国同类众筹项目的融资金额最高纪录,共筹资 2 829 万元。由于销售业绩的影响,2015 年到 2017 年期间,雷神科技引起了社会的广泛关注,取得了很多荣誉:2015 年 4 月,雷神科技成为网络游戏——"英雄联盟"举办职业联赛的唯一游戏笔记本赞助商;2015 年 6 月,雷神科技成了腾讯游戏——"穿越火线"S7 赛季独家冠名赞助商;2015 年 8 月,雷神博艺文化成立,公司主营游戏竞技、游戏相关赛事;2015 年 8 月,雷神科技在首届"中国青年互联网创业大赛"中荣获金奖;2016 年 6 月,成为"天猫定制节"游戏笔记本类唯一入选品牌;2016 年 6 月,游戏本品牌"618"全网销量第一;2016 年 7 月,雷神科技在 B 轮融资 3 500 万元,引进国科瑞祺等投资机构;2016 年 8 月,雷神科技作为腾讯"穿越火线"CFPL‒S9 赛季独家冠名赞助商;2017 年 2 月,C 轮融资 6 500 万元,引进同创伟业、赛富基金、优格互联、海立方舟等投资机构;2017 年 8 月,雷神科技参加位于德国科隆的游戏展 Gamescom,

与此同时,雷神科技出口至多个国家和地区,已陆续进入西班牙、俄罗斯、中国香港、中国台湾、马来西亚、新加坡等的电子产品市场。如今,雷神科技除了自主研发游戏笔记本之外,还围绕游戏这一主题开发了相应的产品,包括游戏外设,如游戏鼠标、游戏机械键盘、游戏座椅和坐垫、游戏耳机和 VR 虚拟现实眼镜及其 VR 游戏等;并且自主开发软件产品、浏览器、游戏直播平台等设施的配套,组建职业电竞战队,后期游戏直播宣传,充分践行着雷神科技想要成为游戏和配套游戏笔记本产业的最具有影响力的品牌。

5.1.1.3 财务指标分析

(1)偿债能力分析

由表 5.1 中的数据可以看出,雷神科技在 2016—2019 年的这四年时间里,资产总额、负债总额、所有者权益均有大幅增长,通过计算这三项指标的增加倍数分别约为 1.32 倍,1.35 倍,1.26 倍,其中负债总额是三者中增长最快的。

表 5.1　雷神科技 2016—2019 年财务情况　　　　单位:元

	2019 年	2018 年	2017 年	2016 年
资产总额	1 011 655 200.5	707 543 009.35	595 496 064.01	436 662 521.47
负债总额	686 948 395.82	503 917 382.82	404 181 433.03	292 771 809.23
所有者权益	324 706 804.68	203 625 626.53	191 314 630.98	143 890 712.24

如表 5.2,雷神科技有限公司的流动比率从 2015 年到 2018 年呈下降趋势,2019 年才稍稍回升;速动比率也呈下降趋势,从 2018 年开始逐渐回升。通常情况下,流动比率的经验值为 2,速动比率的经验值为 1。雷神科技公司的流动比率、速动比率二者都有下降趋势,并且低于对应的经验值,说明其短期偿债能力较弱,同时也说明其短期资产的利用效率较高。

雷神科技的资产负债率在 2015—2019 年这五年内表现出波动状态的变化规律,但保持在 60% ~70% 之间,表明雷神科技的长期负债的偿付较弱,偿还债务能力较差。随着雷神科技不断经营发展、扩大业务规模,企业所面临的风险也在不断上升,但该风险可以被控制且在企业可接受范围内,结果表明,雷神科技具有较弱的长期偿债能力,经营风险略高。2019 年,雷神科技在新三板市场公开发行股票,使得 2019 年企业的资产负债率降低,募集资金转为流动资金,增强了企业的抗风险能力。

表 5.2　雷神科技 2015—2019 年偿债能力指标分析

	2019 年	2018 年	2017 年	2016 年	2015 年
流动比率(%)	1.43	1.38	1.45	1.45	1.53
速动比率(%)	0.9	0.88	1.05	0.65	1.38
净资产(元)	324 706 804.68	203 625 626.53	191 314 630.98	143 890 712.24	49 334 081.08
资产负债率(%)	67.9	71.22	67.87	67.05	59.75

（2）营运能力分析

从表 5.3 中数据可知,雷神科技有限公司的存货周转天数基本呈逐年增加的趋势,2019 年存货周转天数达到最大,存货周转一次需要 58.91 天。雷神科技的存货周转天数的不断增加,一方面,说明企业的存货变现速度在减慢;另一方面,存货没有快速地周转,在一定程度上也说明了企业销售能力可能出现了一些问题,这有可能会增加商品积压的风险。应收账款周转天数从 2015 年到 2018 年在不断增加,2019 年开始减少,表明应收账款变现的速度在加快,资金被外单位占用的时间变短,管理工作的效率在提高。从 2015 年到 2018 年的四年中应收账款周转天数也在不断增长,可能会影响应收账款收回的可能性,发生坏账的风险会增加。

雷神科技的总资产周转率从 2015 年的 8.54 次不断减少，直到 2019 年的 2.44 次。说明雷神科技公司利用其资产进行经营的效率在变差，这会影响到企业的盈利能力。总的来说，雷神科技的营运能力在下降。

表 5.3　雷神科技 2015—2019 年营运能力指标分析

时间 项目	2019 年	2018 年	2017 年	2016 年	2015 年
总资产周转率（次）	2.44	2.57	2.85	3.74	8.54
应收账款周转天数	9.28	15.54	10.72	1.99	0.5
存货周转天数	58.91	49.01	54.59	46.67	4.21

（3）盈利能力分析

通过表 5.4 中数据可知，雷神科技有限公司在 2015 年加权净资产收益率、总资产报酬率、净利率都达到了近五年的最高值。2015 年雷神科技公司的股权众筹项目的上线，不到十分钟就融资了 1 300 万元，给雷神科技带来了巨大的机遇。从 2016 年开始大幅度降低，直到 2018 年开始才不断回升，说明了企业全部资产获取收益的水平在 2018 年开始提高，企业的获利能力和投入产出状况在不断改善。

表 5.4　雷神科技 2015—2019 年盈利能力指标分析　　　　单位：%

时间 项目	2019 年	2018 年	2017 年	2016 年	2015 年
加权净资产收益率	22.36	4.96	1.44	35.46	74.63
总资产报酬率	9.28	2.97	3.12	11.15	39.07
净利率	2.99	0.67	0.37	2.1	3.35

（4）成长能力分析

通过表 5.5 中数据可以看出,雷神科技的营业收入从 523 352 262.14元增长到 2 094 535 497.61 元,增长了 3 倍,毛利率在 10% 左右,比较稳定。2017 年的净利润同比为负增长,从 2017 年到 2019 年净利润在持续飞速增长,说明企业的经营效益处于利好的趋势。

表 5.5　雷神科技 2015—2019 年成长能力指标分析

时间 项目	2019 年	2018 年	2017 年	2016 年	2015 年
营业收入(元)	2 094 535 497.61	1 673 142 805.48	1 472 629 598.65	1 046 269 693.06	523 352 262.14
毛利率(%)	10.9	9.41	11.32	9.63	11.95
归属净利润(元)	62 705 654.56	11 242 471.64	6 307 865.99	21 955 785.74	17 532 550.81
扣非净利润(元)	61 766 524.08	9 805 815.63	2 411 103.61	21 384 167.11	17 713 243.88
营业总收入同比(%)	25.19	13.62	40.75	99.92	—
归属净利润同比(%)	457.76	78.23	−71.27	25.23	—
扣非净利润同比(%)	529.9	306.69	−88.72	20.72	—

5.1.2　雷神科技众筹融资概况

5.1.2.1　雷神科技众筹融资之前的融资情况

雷神科技有限公司成立之初,使用的融资方式主要有以下四类:内部融资、延迟支付供应链上游企业的账款、产品预售融资、引入天使投资。

（1）内部融资

雷神科技有限公司在成立初期的股本资金主要包括创建者路凯林和海尔公司的自有资金共 237 万元,股东的自有资金共 50 万元。作为母公司的海尔集团,为雷神科技提供了项目的启动资金 187 万元,持股 85%,用于产品的研发、生产、销售以及后续的推广使用。而路凯林所代表的股东持股 15%,同时获 10% 的期权。出资比例如图 5.1 所示。

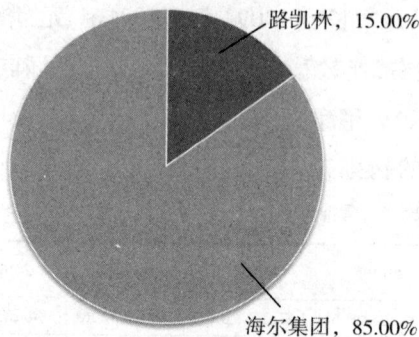

图 5.1　雷神科技成立初始股权结构

（2）延迟支付供应链上游企业的账款

雷神科技依靠海尔公司的品牌和供应资源,与游戏本生产领域的佼佼者,处理器芯片——英特尔、显卡——英伟达、操作系统——Microsoft 以及代工厂——蓝天、广达等供应商达成了密切合作,由这些笔记本生产领域的佼佼者提供相应的原料和服务,可以保证硬件设施的高质量要求,与知名度高的厂商品牌合作,还可以加大雷神品牌的推广力度。在品牌合作中,雷神科技目前处于发展前期,资金并不充足,因此通过与供应商谈判,申请应付款延迟支付的优惠政策,可以减少生产初期资金不足的压力。通过对供应链上游企业的应付账款延时支付,有以下两方面的好处:①可以保证产品成品的质量完整和品牌的影响力;②获得上游供应商公司提供的延迟付款的优惠政策,从而减少了雷神科技创业之初在生产上的资金投入。

（3）产品预售融资

2013 年 12 月,雷神科技在京东商城发布了第一批游戏笔记本的预售活动,第一批共 500 台游戏笔记本仅仅用了 3 天就被用户全部预订,以 5 999 元的单价售出,500 台预售本三天回流 300 万元。用户付款可以让企业部分资金回转,这不仅说明了产品在市场上有需求,而且也提前收回了部分资金,对产品后续的生产和开发也提供了资金支持。虽然在这一时期,游戏行业具有广阔的市场前景,但是当雷神科技成立时,笔记本电脑遭遇了一个严峻的销售寒冬。为此,团队成员搜索用户对每个游戏销售平台的完整评价。同时,团队成员还在贴吧里和专业的游戏本玩家交流互动,而且使用专业的游戏大神测试样机,将互联网交换平台的交互机制发挥得淋漓尽致,解决了当前游戏本市场中令玩家头疼的诸多困难。

(4)引入天使投资

从 2014 年初获得第一笔销售收入得到市场认可后,雷神科技没有因为产品销量好继续大规模生产,而是注重游戏本的玩家体验,为了打造企业口碑,雷神科技花费了近 1 800 万元的资金研发新型产品雷神 911。雷神 911 的研发耗时半年,牺牲了企业利润率,而 2014 年的前两个季度,雷神科技总销售收入只有 7 000 万元,这对处于成长期的雷神科技来说无异于入不敷出。而资金的大量使用,导致了企业资金易断流,也需要寻求外部资金来源提供资金补充,雷神科技因此引入了天使投资。通过融资获得了资金,进而对产品进行研发,最终雷神 911 系列产品销量惊人,雷神科技在整个 2014 年后六个月间获得了将近 18 000 万元的销售收入,同时雷神科技旗下雷神游戏笔记本的用户粉丝的人数也增加到了 100 多万。雷神系列笔记本,获得了良好的市场口碑,得到了用户们的一致好评。2014 年 12 月,天使投资机构"麟玺创投"向雷神科技注资 500 万元,由此雷神科技完成了 A 轮融资,同时也成功获得了传统融资模式下的第一笔资金。雷神科技在 2014 年引入天使投资的股权结构如表 5.6 所示。

表 5.6　雷神科技 2014 年引入天使投资的股权结构

股东信息	实缴出资额(万元)	持股比例(%)
青岛蓝创达信息科技有限公司	75	15
青岛培德润智教育咨询有限公司	12.5	2.5
苏州海尔信息科技有限公司	362.5	72.5
北京果岸咨询有限公司	12.5	2.5
天津麟玺创业投资基金合伙企业(有限合伙)	37.5	7.5
合计	500	100

5.1.2.2　雷神科技股权众筹的融资情况

2014 年雷神科技创立,市场对它的认知度低,缺少竞争力,后期发展容易受阻。此时需要有大量客户群体对雷神科技的支持,以解决当前市场占有率比较低的问题。当前情况适用于股权众筹模式,适用于前期对市场消费者宣传推广以及所得到的反馈,在后续产品优化中,激发潜力,改善所处状态。为了让大部分消费者理解雷神科技的品牌核心以及经营特点,公司采取特别的宣传手段来做好粉丝基础工作。该阶段融资模式的适用,不仅为当下的宣传助力,更为企业的发展资金奠定坚实的基础,在产品走向成熟阶段有了更稳健的力量。项目运行中的公开宣传方式虽然适用于品牌宣传,对投资者具有吸引力,但是也存在项目内容的外泄,以及公开宣传方式是否触犯《证券法》的规定的问题。这对项目的合法性无法做具体说明,但还是希望项目在法律允许的条件下正常实施操作,这样在金融市场就有了合法通行证。

雷神科技在引入了天使投资后有了充足的资金投入产品的生产、研发和迭代。游戏笔记本经过了一年的发展,其市场潜力也被越来越多的厂商发现,游戏笔记本的市场竞争也愈发得激烈。与此同时,雷神科技制定了一系列的计划,以硬件为入口,将业务拓展到软件应用和电子竞技游戏行业。2015 年初,雷神科技上线了专为游戏打造的"雷神游戏浏览器"。而且电子竞技赛事赞助、平台软件的研发、电竞战队的组建,这些都需要资金,为了进一步实现雷神的成长和战略的实施,雷神科技需要引入大量的的资金投入运营。2014 年,国家对于股权众筹的监管逐渐清晰明确,雷神科技也应邀成了"京东东家"第一批入驻企业,这对雷神的资金不足问题起到了关键性的作用。

2015 年 3 月,雷神科技开始参与京东股权众筹。同时,雷神科技股权众筹项目也正式上线。在京东的牵头下,10 分钟内实现了 1 300 万元的融资目标,最终融资额为 1 500 万元。并且成功引入了风险投资机构——"紫辉创投",作为领投人注入资金 1 000 万元,股权占比 6.63%。为了减少法律风险,在其他投资者数量方面,投资者可以超过原定 15 人的限制;在融资规模方面,本轮融资金额目标设定为 1 300 万元到 1 500 万元,本轮出让股权比例范围设定在 8.75% ~ 9.95% 之间,而众筹融资平台服务费率大概为 5%。同时,在此次股权众筹的过程中,采用小东家模式,根据出资额的高低,分为东家投资者(出资 20 万元以上)和小东家投资者(出资 5 000 元以上),由于投资人数的限制,最终吸收东家投资者 4 人,上限 10 人,以此来降低普通投资者的投资门槛,提高用户的参与程度,共投资 471.5 万元,共占

股 3.13%，小东家投资者 10 人，共投资 28.5 万元，共占股
0.19%。雷神科技股权众筹的投资情况如表 5.7 所示。

表 5.7　雷神科技股权众筹投资者情况表

投资者身份	超募人数上限(人)	投资者	投资金额(万元)	股权占比(%)
领投人		紫辉创投	1 000	6.633
东家	10	东家 1	327	2.169
		东家 2	90	0.597
		东家 3	34.5	0.228
		东家 4	20	0.132
小东家	30	小东家 1	5.5	0.035
		小东家 2	5	0.033
		小东家 3	4.5	0.029
		小东家 4	4	0.026
		小东家 5	3.5	0.023
		小东家 6	2.5	0.016
		小东家 7	1.5	0.009
		小东家 8	1	0.006
		小东家 9	0.5	0.003
		小东家 10	0.5	0.003

在本次股权众筹融资过程中，雷神科技融资前的估值为
1.35 亿元，成功融资了 1 500 万元，至此，雷神科技企业市值达
到 1.5 亿元，而大股东被稀释 10% 的股权占比。在股权出让方
面的计算，公式如下：

投资者获得的份额 = 投资的金额/（投资前估值 + 本轮实
际融资金额 + 平台服务佣金）

以表 5.7 中的投资者为例：

东家 1 股权占比 = 3 270 000/（135 000 000 + 15 000 000 +
135 000 000 × 5%）= 2.086%

东家 2 股权占比 = 900 000/（135 000 000 + 15 000 000 +

135 000 000 × 5%）= 0.574%

小东家 1 股权占比 = 55 000/（135 000 000 + 15 000 000 + 135 000 000 × 5%）= 0.035%

通过这次众筹,雷神科技获得了足够的资金支持研发,开发出的周边产品也获得了客户的好评,吸引了更多的消费者和投资者。在通过众筹的方式获得资金后,雷神科技在天猫"双 11"活动中的产品销量达到了相当高的水平,拓展了较大的市场空间。此外,雷神科技的企业粉丝也迅速增加到了 500 多万,扩大了潜在的客户基础。

雷神科技通过产品上市,销售地区覆盖面扩大,产品设备功能不断加强,企业优势领先。雷神科技近些年快速发展,已经处于我国中小企业领头羊的地位。它的成功不仅依赖于自身的经营理念,还有通过融资得到的外来资金支持。雷神科技资金充足,不仅依靠通过产品预售而产生的资金回流。还有原因是前期公司创立时,母公司给予的相应资金支持,后期通过股权众筹和产品众筹的融资方式,吸引到紫辉创投的入股资金,可利用的资金增加,对运营有了支持的力量。雷神科技在 2016 年进行了 B 轮融资,并且是腾讯 CFPL - S9 的独家供应商。2017 年 C 轮融资 6 500 万元,并于同年九月在新三板上市,成为游戏业第一家在新三板上市的公司。2019 年在新三板市场增发股票,我们可以从对公司估值中看到公司目前的发展状态,相较创立之初,社会地位稳固,公司前景较好。而且选择股权众筹模式融资正好符合公司发展模式,保证了公司在中期的运作和推广,从而利用融资的优势,带动企业发展。

5.1.3 雷神科技股权众筹融资实施

5.1.3.1 股权众筹模式的选择

截止到 2017 年年底,全国有 294 家运营中的众筹平台,其中公益型平台数量最少,有 12 家,权益型平台数量最多,有 90 家,股权型平台数量居第二位,有 89 家,综合型平台有 41 家,物权型平台有 62 家,具体如图 5.2 所示。

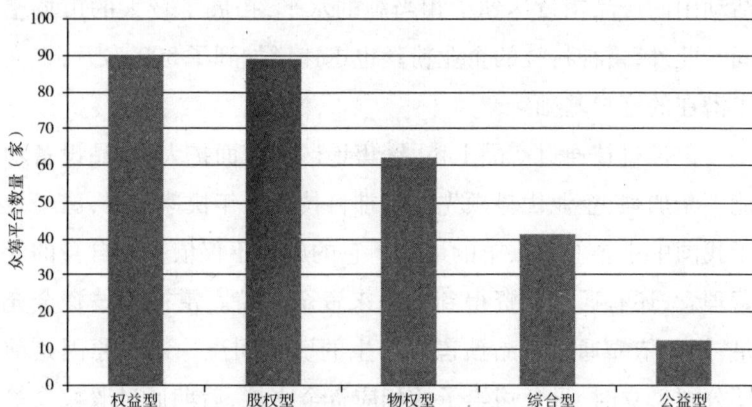

图5.2 五种类型众筹平台数量

雷神科技的股权众筹模式主要是根据已有的股权平台众筹模式建立的,如京东众筹。京东众筹是京东金融众创众筹的一个事业部,根据目前的市场数据调查显示,京东众筹在 2015 年占我国众筹市场份额的近 60%,目前在国内是最大的权益及股权类众筹平台,这几年以来依托于京东集团这个比较大的背景,已发展成为名列前茅的众筹平台。京东东家股权众筹融资平台的建立,降低了融资成本,打破了地域的限制,更加高效地结合多样化的线上线下投融资的需求,展现了技术上的可行性与优越性。雷神科技选择京东平台进行股权众筹融资,依靠了京东在业界的崇高地位和较高的知名度,为产品的宣传推广起到了很大的推动作用。雷神科技在京东平台的京东东家进行股权众筹,获得了企业在后续生产发展所需要的大量资金投入,并且通过股权众筹模式引起各个投资机构的密切关注。京东东家股权众筹融资一般分为三个阶段,即投前阶段、投中阶段和投后阶段,流程图如图 5.3 所示。

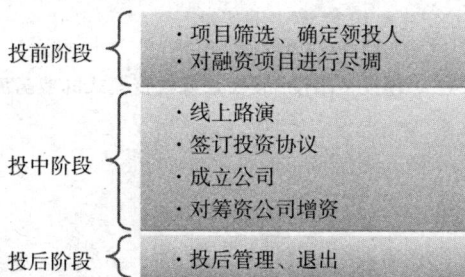

图 5.3　股权众筹融资阶段

5.1.3.2　"领投+跟投"模式

"领投+跟投"的股权众筹模式运用于股权众筹项目在募集资金的过程中,领投人为专业投资机构和投资者,跟投人为普通的机构和投资者。领投人就类似于风险投资中的基金管理人,在项目筹集资金时,主要负责确定估值议价、尽职调查、协助项目路演、拟草投资协议等工作。在项目成功筹集资金后,作为一般合作人,并作为股东参加股东大会,是普通跟投人的"代言人",维护普通跟投人的利益。作为跟投人的普通投资者主要任务是出资,在项目成功筹措资金后担任有限合伙人,享受分红的权利。在中国,最初只在股权众筹平台中采用"领投+跟投"模式,现在这种模式几乎已经成为平台防范风险、提高项目成功融资率的标准分配机制。"领投+跟投"股权众筹融资模式的

流程图如图 5.4,与直投模式相比,"领投＋跟投"模式增加了
"确定领投人"和"引进跟投人"这两个环节。

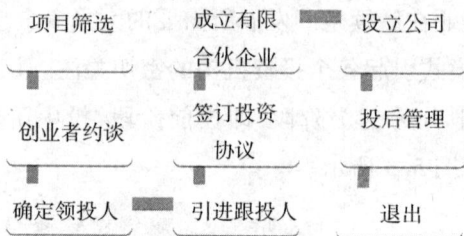

图 5.4　"领投＋跟投"股权众筹融资模式的业务流程

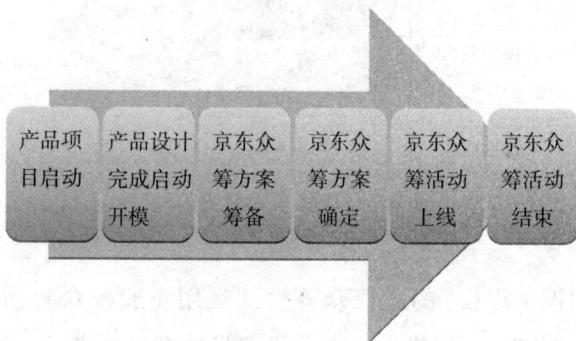

图 5.5　雷神科技的"领投＋跟投"模式

2014 年,雷神科技把京东作为股权众筹的平台,它的"领
投＋跟投"模式包括产品项目的启动、产品设计完成启动开模、
京东众筹方案的筹备、京东众筹方案的确定、京东众筹活动的上
线以及京东众筹的活动结束六个主要环节。融资项目流程分包
括三个阶段:投资前、投资中以及投资后阶段。由投资者、平台
方和项目负责人来把持操控各个阶段。

(1)投前阶段,包括对整个项目的尽调、筛选、发布预热。
雷神科技必须根据自己的需要选择一个平台,京东众筹是雷神

科技选定的项目上线平台,然后需要向平台方提交相关项目数据和资料。京东的工作人员会针对项目的创新性和合理性进行审查,对项目可实施性进行初步筛选。在第一次筛选后,对融资项目内容进行尽调,即项目是否合理、真实,调查项目计划书中的进程,预防项目操作失误,减少后续操作困难。项目通过后,将公布在网上进行预热,早期进行筛选和审查尽调能降低项目的投资风险。另外,调查方向分为产品竞争力调查、发起人团队实力的调查和融资项目在目前行业的发展前景的预测及发展现状的研究等方面。因为人选能力十分重要,领投人需要带动整个项目,所以还有必要对融资项目领头人的能力进行调查。后期背书,可以预防因领投人能力不足导致投资者在项目后期对跟投造成的麻烦。

(2)投中阶段,有包括对产品预热后上线、筹资转移给第三方保管、投资者签订投资协议。雷神科技采用了"领投 + 跟投"模式,在早期产品预热后项目正式上线。需要宣传推广项目,在线进行预演。投资者在签署投资协定时,为确保投资者没有冲动决定,一般有冷静期 3 天,如果投资者在 3 天后仍坚持继续投资,那么提交的资金将转移到资金管理方。平台方、项目负责人、投资者三方联动,共同推进项目进程和项目实施。作为融资人和投资人的中间媒介,平台方将在产品融资阶段的宣传中发挥主要作用,并增加投资者和公众的投资信心,增加项目实施的安全性。投资者一般有两种:有闲置资金者找到的专业投资机构和单个投资人。投资者会根据项目的新颖性和发展前景来判断,然而股权投资伴随着较高的回报。同时,高回报也伴随着高投资风险,因此要选择专业的投资机构对投资项目进行筛选。专业的投资机构不仅会对投资项目的行业、行业在市场中的动态、公司的发展前景和投资后的风险进行分析,而且可以判断该项目的运行风险是否可以接受、是否在投资者的风险承受力之内。融资方的工作人员作为融资负责人,会对项目中的运作流程进行细节上的敲定,并且在了解方案内容具体细节的基础上,做好运行时的严格控制把关,以减少操作风险,并通过监督项目的运行来保护投资人的利益。在项目初期阶段,找寻投资者时,要对融资方案内容进行披露,并对东家进行讲解来说明本次融资的业务流程,解答投资人的在线提问。随后,跟投人选、企业之间的协议,以及领投人和跟投人会被最终确定。对该项目注入资金后,会形成合伙制公司,从而推动项目的发展。

(3)投后管理阶段。到了投后管理阶段,标志着股权众筹项目已经成功了,要把筹集的资金转移给创业机构或者创业者。为了避免创业者浪费和过度挥霍,可以阶段性地分期转入。但是,资金筹措后的管理阶段会是一个长期的过程,这也能说明股权众筹本身是一个周期比较长、风险高的投资。它包括了公司之间产品的对接,各个部门间的相互配合,对今后企业运营阶段所出现的问题给予解决方法。对于最后一步退出机制来说,最重要的三种退出机制是IPO、公司管理层回购以及并购。

5.1.3.3 股权众筹过程

雷神科技成立短短一年时间,一直坚持研发和创新为核心竞争力,将股权众筹发挥得淋漓尽致。发起人发起产品预售,到后来在京东平台的股权众筹,再到后期的产品众筹,最终在A

轮成功融资了 2 250 万元。在京东众筹平台上,同期众筹产品获得了 3 000 多万元的众筹金额,其中雷神科技所众筹金额就占据总金额的一半。雷神科技筹资的消息引起了社会的广泛关注,而且前期引入天使投资,改善了传统金融与新金融的渠道,也改善了很多人对众筹融资的态度与关注度。雷神科技在拥有一定忠实客户群体后积极回应消费者的反馈,并不断改进、更新产品,既推广和宣传了公司和产品,又扩大了客户群体,这为之后公司的成功众筹积累了良好的口碑基础。

截至目前,雷神科技已经完成多轮融资及多次单商品融资,并且已经多次成为游戏比赛的赞助商,赞助 LPL 大型比赛,参加上海 Chinajoy 展览会。2015 年对产品 911 – M4 进行众筹,在 4 月 23 日众筹总金额达到 839 万元,在 4 月 29 日金额达到 1 000 万元,成为京东众筹第八个过千万项目,在 5 月 19 日众筹金额达到 2 829 万元,一举打破众筹中国区记录 2 114 万,成为众筹中国区新纪录。2014 年度在 A 轮融资了 500 万元,2016 年度在 B 轮融资中获得了 3 500 万元,2017 年度在 C 轮融资了 6 500 万,逐年递增,可以看出,雷神在游戏市场已经成功吸引了大批投资者的关注。在 2017 年 9 月,选择在新三板挂牌上市,也是第一支游戏股,公司市值估价已经从 1.3 亿元增长到 10 亿元。

在 2019 年 3 月 26 日,雷神选择在新三板市场上公开发行股票,数量达 121 万股,每股价格是 45 元。并且发行的对象都是机构投资者。这次雷神的募集资金流向了流动资金,不但企业资产负债率明显降低。而且增强了企业的抗风险能力,在行业竞争中脱颖而出。

通过股权众筹融资,雷神科技开辟了更为光明的道路,改善了企业的经营状态。从 2014 年创立到如今新三板上市再到股票的增发,雷神科技一路走来也是坎坎坷坷。在资金融入后,可以看出在产品的研发、更新迭代的频率和投放市场以后市场的反馈等方面的变化,都说明雷神科技的经营投入了大量的人力、物力。说明股权众筹模式的成功应用,可以为日后发展做好铺垫。

5.2　雷神科技股权众筹案例分析

5.2.1　雷神科技股权众筹成功因素

雷神科技一直秉承着创立时的初心,不断自主研发、更新改进产品,把创新作为企业的核心竞争力,这为之后公司股权众筹取得成功奠定了基础。除此之外,我们将从雷神科技有限公司股权众筹的项目自身素质因素、项目发起人素质因素、项目投资者因素、众筹平台因素、项目具有创意性、易同客户交互的特征以及融资方案设定的合理性等角度具体解释雷神科技有限公司股权众筹成功的原因。

5.2.1.1　项目自身素质因素

雷神科技有限公司在股本集资中,发布了 2014 年销售数据,详细说明了其产品计划和商业计划,旨在成为中国网络游戏的第一品牌,因为整个企业取得了一定的利润,所以这时进行集资容易受到投资者青睐。在回报式众筹中,一方面,拍摄产品演示的照片和一些小视频,可以准时更新项目的进度;另一方面,回报式众筹的成功依赖于对现有用户的积极评价。

需要指出的是,众筹都注重设定合适的回报水平,既保证了公众的参与,又吸引了机构投资者和专业投资者。例如,在股权众筹模式中,初始投资额为 5 000 元的人数设定为 10 人,初始投资额为 20 万元的人数设定为 5 人。这一点也体现在众筹奖励上。1 元乐透的设立,让投资者几乎没有门槛地参与众筹成为可能,最高的是 130 万元。除产品外,还可获得线下营销联盟资格,为企业拓展销售渠道。

5.2.1.2　项目发起人素质因素

路凯林,雷神科技有限公司的创始人,毕业于中国知名大学—西安交通大学的 MBA。路凯林受过高等教育,有丰富的管理知识。并且和雷神科技的其他几位高管一样,在雷神科技有限公司建立之前,都有在海尔公司计算机事业部工作的经历,掌握大量的供应链资源,以及至少六年的相关工作经验。可以说整个管理层的管理水平是比较高的,管理经验也比较丰富,这有利于提高投资者对项目的信心,从而促进股权众筹的成功。此前,雷神科技公司已经拥有了 120 万名以上的用户粉丝,但仍在增加外部社会资本,在贴吧、论坛、微博、微信等平台上的互动和经营,使得粉丝的数量仍在不断增加。在平台内的社会资本方面,雷神技术已经关注了 12 个项目,包括 5 个非自发项目。在这五个非自发项目的创建人中,有两个人表示支持雷神科技公司的项目。虽然与其他赞助商的交流并不频繁,但在雷神科技的第一个奖励众筹中,同粉丝的互动超过 3 500 条,也和项目的关注者频繁地进行沟通交流。雷神股权众筹项目的成功得益于日益积累的外部和内部社会资本,当然,同粉丝和投资者的广泛沟通也起到了至关重要的作用。

5.2.1.3 项目投资者因素

项目投资者在股权众筹中也扮演着重要的角色。在雷神科技股权众筹中,该项目在上线一小时内就成功融资,而在激励性众筹中,该项目在一小时内只融资到 850 万元,还不到目标金额 2 000 万元的一半。这主要是因为股权众筹有自我强化机制。换言之,雷神科技在短时间内能够筹集大量的资金,消除了后入者的顾虑,促使了股权众筹项目的成功。

5.2.1.4 众筹平台因素

首先,自 2015 年以来,京东的股本集资平台和奖励集资平台项目的平均完成率分别达到了 83.6% 和 127%,2015 年平台本身有高质量的投资者资源,有利于项目的成功。此外,在股本集资平台采用"领先投资 + 后续投资"模式,以及通过高质量的机构投资者引入主要投资者,有利于减少投资者的投资管理成本,促进集资项目的成功。

5.2.1.5 项目具有创意性

雷神科技有限公司一直追求创新,立足于广大用户的需求进行产品的研发,雷神科技针对 18 ~ 35 岁的游戏玩家,开发游戏本的产品,同时坚持为年轻的游戏爱好者服务,这些用户群体热衷于游戏本体验。他们对于游戏本的性能具有较高的要求,相对于年龄较大的玩家而言,他们没有过多地看中游戏体验成本这个问题。游戏本是雷神科技的主打产品,它与其他同行业产品的优势在于,解决了硬件偏科严重、游戏本烧显卡以及读取速度慢等问题,实现了技术上的改进,贴合了玩家对于游戏本更高的要求;其次,产品的外观也有了很大的改善,Thunderobot 的游戏本也从外观上进行了创新,使产品的外观更符合年轻消费者和游戏爱好者的审美需求。最令人震惊的,雷神科技公司的"明星"产品——雷神 911M。创业团队对产品的研发和设计持续了近 10 个月,辅助冷却的呼吸灯由 CNC 钻孔技术等制作而成,凸显了雷神科技公司精益求精、打造完美产品的企业文化。科技感和年轻炫酷的设计,达到了让玩家眼前一亮的效果,引起了更多客户的关注,得到了大家的青睐,产品的创新推动了股权众筹的实现。

5.2.1.6　易同客户交互的特性

客户的回馈可以看作是一种民间的信用评级,应充分运用易同客户交互的特性。雷神科技的主要团队大多都是三十岁左右,和目标用户的年龄差不多,更加容易产生共鸣,易于沟通,能够了解用户的需求。因此,在产品的设计和研发上比较有话语权,可以在和客户互动和调研时,很快地掌握方向。在项目开始上线时,通过京东这个平台告知相关的会员项目的上线。工作人员在贴吧、微博以及微信等端口也公布一些信息和公告,对项目的宣传起到了积极的作用。在募集资金的过程中,持续与用户不停地互动,在社区中及时更新项目的现状和融资的状况。使用户和潜在用户相信雷神,并对其充满信心。与此同时,雷神对用户的评论进行整合和汇总,提取出有价值的想法,将其融入到产品的研发和生产中。这种以用户的需求和心愿为驱动力的研究开发的模式,推动了股权众筹的进程,丰富了外部社会资本。公司通过与用户的交流沟通,弥补了没有标准评级制度的缺陷,赢得了众多好评。

5.2.1.7 融资方案设定的合理性

为了确保公众参与,雷神科技在融资时采用了京东平台提供的小东家方式,极大地降低了公众投资的门槛。也就是说,在投资者小于等于 15 人的规定下,根据投资金额的限度对其进行划分,设置 10 人小东家,对其限制初始投资金额为 5 000 元;与此同时,普通投资者也进行了一定限制,金额不低于 20 万元。这样一来,合理的融资方案刺激了大家投资的积极性。在产品众筹时,为了使各种投资者的需求得到满足,公司设置了 9 个不同投资金额的层级,每个层级都限制了一定的人数。这种多层级的产品回报使更多的客户参与其中。其中,1 元支持金额和 2 万人投资限额的设定,体现了股权众筹的普遍适用性,丰富了投资人的范围。融资方案设定的合理性还表现在 40 天的融资期限,在这 40 天内,潜在客户有充足的时间进行考察。有利于确保投资目标的实现。

5.2.2 雷神科技股权众筹存在的问题和风险

5.2.2.1 雷神科技股权众筹中存在的问题

(1)投资者人数设置不合理

雷神科技的股本集资计划中,投资金额为 20 万元的东家的数量的上限设置为 5,规定开始投资金额为 5 000 元的东家的数量最多不超过 10 个。这样一来,就存在两个问题。一是领投人投资 1 000 万元,如果按照最低投资额来计算余下的 14 个东家,将没有办法实现之前的 1 300 万~1 500 万元的融资目标。因此,项目在达到目标投资人数后没有达到目标投资金额,这可能导致项目尚未成功完成投资额度。最后,京东众筹平台在已经成功投资的股东中进行了第二次投资,最终完成了 1 500 万元的投资。二是京东东家的另一种超额募资机制是要求已成功认购的投资者放弃投资机会,然后由后来的申报人进行递补。然而,在利用京东平台进行融资时,由于雷神科技没有进行路演,使得该名额在短时间内被抢占,据了解,很多投资者表示并不知情。

(2)缺少相应的股权退出机制

雷神科技在股权众筹中没有设计相应的退出机制。尽管雷神科技找专业的风险投资机构成为项目的主要投资者,在投资者设立有限合伙公司对项目进行管理时,平台上也制定了相应的规则对其进行指导。但是在众筹融资计划中,雷神科技并没有说明是否进行收益分红,也没有公示未来的收益管理方式,只是把股权退出收益机制简单地描述为并购退出和上市这两种方式。这样一来,企业的含糊不清使投资者望而却步,极大地打击了投资者的积极性。一般退出方式分为三种:IPO、管理层收回、并购。其中并购退出是投资者股权退出最普遍的方式,但是有很多小型企业由于自身规模小、仍处于发展阶段,没有足够的盈利为投资者后期分配利润。并且不少的小型企业在融资后,很难选取接盘人,对投资者退出造成很大困难。这就要求雷神科技在今后的股权投资管理计划中说明投资者投资后的收益以何种方式进行，而且把公司的上市计划在企业融资说明书中完整体现出来。在雷神科技进行股权众筹期间，存在着一些问题，例如，股权退出变现时间长、投资者现金不能及时得到分红。有限的投资者的退出渠道，很难确保投资者的经济利益，国内股权众筹因行业发展时间不长，还停留在早期，对于退出机制没有过多自信，而健全"募资—经营—退出"机制应该是行业整体应该考虑的问题。现有研究表明，股权众筹中有财务报告和资本运营计划的项目更容易成功，而缺少相应的股权退出机制成功概率则比较小。

（3）众筹融资前期宣传不到位

雷神科技公司是京东平台上第一批进行股权众筹的公司，没有经验可供参考，所以走了不少弯路。在股权众筹之前，雷神科技并没有进行相关的提前演练和规划，而只在公司主页上发布了公司股权众筹的消息，并建立了相应的微信组，让成功的投资者发布投资信息交流，更没有在众筹网站以外进行宣传。简单地向微信群内的投资人口头宣传众筹融资，导致大多数投资者还不知情的时候，认投名额就已经没有了，在信息传播方面做得并不到位。募集的资金是有一定预期的，在雷神科技超过募集的数量这个问题上，虽然京东平台有相应的规定，但只有当投资者放弃投资机会后其他投资者才能进行递补。在雷神科技进行股权众筹的过程中，起始规定最多可以有十五个投资者，这导致在股权众筹的前几个小时，公司发布的名额就被抢购空了，这在许多小投资者中引起了强烈反响。那些小东家们一致认为，股权众筹只是大东家们的"游戏"。

（4）众筹平台交互机制不够

雷神科技股权众筹项目正式上线后，雷神科技在粉丝交流社区和众筹平台上持续发布股权众筹的进展，方便大家了解具体情况。但是与用户的交流方式不一样，前期更注重粉丝对于笔记本的需求，以及优化产品方向，专业人士对接粉丝，针对提出的问题给予专业回答。然而，在众筹平台讨论区中并没有雷神科技的专业负责人，雷神科技有限公司虽然会对粉丝或客户群体做出的反馈和现在投资的风险，做出积极的应对，但是在众筹平台的讨论区，并没有雷神科技的负责人来解决这个问题，负责与潜在投资者沟通的却是京东众筹平台的工作人员。

在股权众筹之后，企业的规模和效益都有了很大的改善，当然，随着用户的不断增加，用户对产品的要求也越来越高。面对行业日益激烈的竞争，雷神要培养自己的核心竞争力，不断升级软件、更新产品的硬件，否则，将要被市场所淘汰。与此同时，广大粉丝群体对雷神科技的走向也抱有很大的期待，如果使得粉丝们落差太大，对雷神科技失望，这将会是巨大的损失，对产品的销售也会造成重大影响。雷神科技经常与粉丝在产品技术和创新方面进行沟通，却忽视了对股权众筹平台的潜在投资者的疑问的解答，不够重视对众筹融资平台投资信用的建设，这可能会导致流失一部分潜在投资者，因此对于投资者的维护也是不可或缺的。

5.2.2.2　雷神科技股权众筹中存在的风险

（1）法律风险

雷神科技公司是一家有限责任公司，在《私募股权众筹管理办法（试行）（征求意见稿）》中虽然放宽了股东人数限制，但《公司法》中明确股东人数上限为50。因此，这两项规定存在冲突，相关私募股权众筹管理办法尚未正式出台，可能在融资过程中触犯法律。因此，雷神科技在股权众筹中有一定的违法风险，需要规避。

根据我国《证券法》的规定，发行证券时，不允许面向超过200人的特定对象发行，在非公开发行时，不能使用广告宣传等方式。但是股权众筹在项目运作前，需要通过线上线下的双重宣传，来达到投资者对项目投资的目的。项目启动时，需要在互联网上公开披露相关信息，吸引潜在投资者的注意，并且通过交流群传播项目内容。所以，这些做法并不符合《证券法》的有关规定，而且现在我国对于融资和非法集资的界限模糊。对于在社会上公开宣传，吸收资金的人群范围，融资回报形式为现金、实物等方式，并且未经过有关部门认定等，都是股权众筹项目进行时所需涉及的方向。

（2）知识产权风险

在股权众筹时，雷神科技要在平台上公布企业的融资计划、商业计划以及团队成员，供潜在投资者参考。但是这些信息的公开，除了使潜在客户看到外，其他别有用心者也会看到，产品的创意会面临被抄袭的风险。并且京东众筹平台只是通过网络审查用户上传的个人名片、年收入以及其他信息，但是在这种审核制度下，投资者信息是否真实可靠还值得商榷。如果公司团队保留信息,就会使投资者产生不信任,无法充分了解项目的风险,不足以吸引投资者,也会引起投资者的不信任。此外,中小企业需要向众筹平台披露详细的业务运营和财务信息,以便在众筹平台上融资。因此,在平台上,知识产权被泄露的风险随时存在。

(3)技术管理风险

由于雷神科技的粉丝群体庞大,产品技术需要持续创新,企业在众筹后出现了运营管理风险高、技术频繁交流的现象。雷神科技非常重视粉丝之间的交互和展品的测试,在产品众筹中,雷神科技免费为用户提供产品咨询服务,不但加强了粉丝之间的沟通,也赢得了较好的口碑。雷神科技在创立之初的企业目标是满足广大消费者的需求,但是雷神科技初创的绝大多数人员都是技术担当。关于企业的发展战略,当管理者与广大粉丝发生冲突时,容易分散雷神科技管理者的精力,如果企业在战略方面发生问题,就会存在较大的经营风险。此外,雷神科技企业的技术产业正在迅速变化,产品众筹之后,如果没有新的产品的不断更新,企业将面临巨大的挑战。

5.3　雷神科技股权众筹应用对策及平台风险防范

5.3.1　雷神科技股权众筹案例对策及建议

5.3.1.1　提高项目管理水平

雷神科技公司坚持以创新作为企业的核心竞争力,并根据客户需求不断更新产品,从而可以向外界传递积极的信号并增强投资者持有的信心。这种创新最后应该是与客户进行不间断的定期沟通,这是一种针对客户的真正需求并遵循市场发展规律的战略。从模型上进行更多的创新,从技术上进行较少的创新,在设计股权众筹项目的业务模型时,要把满足客户需求作为创新起点,更多地从消费者方面考虑问题。此外,该公司需要针对投资者和客户的需求来完善平台的互动机制,可以通过建立组(组中的项目进度信息会不定时更新)来让客户充分了解。另外,还必须详细说明公司的传统文化和发展历史,列出该项目的未来前景,并关心生活的各个方面,这样可以让投资者完全了解和信任公司。最后,在对于支持者和除了筹集资金以外的投资者而言,给予足够的重视,分别给出有针对性的解决方法,并请专业人士回答投资者的问题,从而让他们可以充分地了解项目的发展情况。

在后期,投资者和粉丝是不同的。他们基于个人利益,而不是针对产品的市场定位以及产品升级的市场发展方向。产品推出后市场上的产品反馈,以及产品生产后利润增加还是减少,都能引起产品投资者的关注。因此,综合消费者、粉丝和投资者的三方信息,并制定有利于市场需求和市场发展的自适应策略亟待解决的问题。在产品开发过程中,该公司依靠粉丝的互动信息和反馈结果来制定个性化产品策略,但是,这些宣传对项目的运作起不到关键性的作用。因此,上述所说的对于在线和离线的合并和推广,将对企业发展速度产生远大的影响。一方面,通过平台在线注册和页面广告,向会员发送信息和页面促销信息,让这些客户了解产品的个性化特征。另一方面,通过巡回演出和线下促销,进行产品跟进和促销,让潜在客户深入研究项目投资的状况并进行自我参与。该项目的推广不仅能增加项目的知名度,而且还能使投资者拥有更广泛的渠道来了解信息。

5.3.1.2　注重众筹融资前期宣传

众筹就像"跟风投资"一般,通过对热点项目宣传来筹集资本,这体现出来社交网络人人都能参与的特点。众筹就类似于羊群效应,羊群效应最早是股票投资里面的说法,说的是交易者在跟风其他人的操作,这也可称为社会压力、群体心理、传染,也被称作从众心理等。大家在众筹平台之中都会选择人数最多的项目,这种选择热点项目的现象最为突出。在项目的早期阶段,融资公司需要推动在线和离线项目。在进行众筹之前,雷神科技公司必须先进行各种分析路演,组织粉丝交流小组并发布各种项目信息。这样,可以及时为投资者提供信息,保护小东家的利益。当由于无法及时捕获实时消息而失去投资机会时,大多数人可以公平、及时地参与到该信息中。发布各种项目信息,以增强在线网络社区之间的互动,增加支持者和一般投资者获取信息的方式,并增加支持者和投资者的信息,避免信息更新太迟造成信息不对称,给投资者提供一个精确的平台来捕获难以区分的信息。雷神科技公司需要在整个项目路演中为大型投资者阐明风险回报报告机制。当进行投资收益分割的时候,再详细介绍公司利润或者销售收入与收益所占比例。

5.3.1.3　充分运用交互机制

在众筹项目的融资期限内,融资团队应该及时回复和解答投资者的所有必要的相关问题。雷神科技不仅应该在雷神粉丝专区建立信任,还要在众筹平台交流社区指定专业人员,针对投资者的所有疑虑,及时关注并积极给予答复。同时,团队需要主动挖掘众筹过程中出现的问题。这样可以提高交流的有效性和针对性,也可以从问题中发现不足之处并改进。此外,为了能够取得投资者的支持,可以将项目进展、投资人的答疑及时地发布在网络社区中,增强互动、提升彼此的认可度。还可以及时披露投资者的各种有效信息,从而使不是潜在消费者,即在投资名单之外的消费者获取到更多的投资信息,方便进行下一次及时的操作。

5.3.1.4 股权退出机制和新三板的对接

雷神科技应将股权众筹作为企业持续融资的开端,而项目经营阶段的核心问题是退出机制的设计与实施,所以应重视建立投资者的股权退出保障机制。雷神科技应当在众筹融资中详细介绍公司未来上市挂牌的安排,融资企业应重视并且建立、获得、参与各方认可的股权退出机制。通过挂牌这种方式,给投资者提供了自由退出的便利,增加了投资者的投资信心,实现股权众筹和新三板对接工作。在一些调查中发现,中小企业拥有新三板挂牌,如果企业可以对接新三板,即便是只有对接新三板的计划,也可以取得投资者的信心。雷神科技的股权众筹融资,虽然不满足连续两年新三板挂牌的一些资格,但是雷神科技可以把新三板挂牌纳入企业的融资计划,这样的融资企业很可能会更受投资者欢迎。加强自身财务的现金流动和规范,快速达到新三板的一些要求等,有利于保证投资的便利和及时、自由地进行股权变更,因为相对于股权转让和管理层回购等方式,投资人对上市的期望值是最高的,如果融资企业在今后的发展计划里有上市的打算,投资者会更有信心去持有。

5.3.2　雷神科技股权众筹风险防范建议

5.3.2.1　投资者准入制度完善

投资者在投资前可能会盲目投资,因此有必要在投资前披露相关的风险信息,以确保投资者了解该投资的风险水平和投资周期,以免投资者因后期投资周期过长而过度投资,同时可以为投资者的风险承担程度增加风险测试,了解风险承受能力。撤资会导致业务运营风险,并且在企业发生紧急危机时无法接受,从而有导致资本链崩溃的风险。

5.3.2.2　征信体系深化

在线的股权众筹融资模式风险较大,国内还不具备相应的征信体系来对投融资两方的信用展开审查,征信系统不完善的问题极大地增加了投资方与融资方的顾虑,打击了投融资的积极性。在这种情况下,如何去制定一个合理有效的征信系统,营造健康的网络环境显得尤为重要。

尽管股权众筹平台可以理解企业提供的信用报告,但在没有中央信用报告系统干预的情况下,无法确定提交给银行的贷款信息和负债信息的真实性。这导致对接过程中的信息不对称,无法判断提供的数据是真是假,容易给企业带来双重融资。因此,它可以与中央银行信用信息系统对接,以实现资源和信息的共享。这样可以降低信用风险,解决信息不对称的问题,但是信用信息系统的性能仍需要与时俱进,以弥补当前信息不对称的缺陷,更好地完成我国资源的配置,促进经济的稳定发展。

各种众筹平台之间存在竞争关系,有些具有自己的独立信用报告系统,因此没有信息共享,容易导致企业重复融资。另外,行业的信用报告标准不统一,因此在应用时非常困难。这种情况可能导致企业在多个平台上注册,但是每个平台的信用信息系统无法提供全面的信息,并且存在无法保证企业的过渡性贷款和资金流向监管的问题。而且平台只能理解部分运行数据。在这种情况下,一旦公司陷入危机,就会有连锁反应。为解决这一难题,中国有必要建立一个有效的互联网信用报告系统,使其能够规范整体评估标准,以进行横向比较,实现资源和信息共享。及时上传企业信息可以避免很多风险,此外网络信用还可以通过其他渠道协助扩大信用范围。使 Internet 信用报告系统更全面,并做好对所有运行平台上的信息保密的工作。

征信体系还可以将不诚实的惩罚机制添加到信用报告系统中。首先,必须建立司法处罚机制,对企业不诚实行为进行一定的市场处罚,并明确有关规定;如果情况严重,可以将其升级为民事和刑事责任。此外,要注意企业在各种平台上的信用评价,并公开信用评级记录。对于不诚实企业,情节严重的,应退出市场、加入市场黑名单,并处以惩罚。

5.3.2.3 规避法律风险

美、英等发达国家的股权众筹发展起步较早,各国均先后颁布了有关法律法规以保障股权众筹在本国的持续发展,比如美国证券交易委员会(SEC)在 2012 年 4 月颁布了《促进创业企业融资法案》(JOBS)第二章程的最终内容,开始监督管理众筹。该法案对合格投资者的筹资范畴不再进行限制,容许企业家们利用类似网络等公开渠道吸引更多投资者,前提是他们能获得投资者的信任。总而言之,政府所持态度需要更加爽朗,以避免引发新的风险,从而确保我国股权众筹市场的持续发展。

当雷神科技公司进行项目融资时,不仅需要产品创新,而且还需要一支专业团队来控制总体情况。对于项目运营的对接人员,要求具有丰富的实践经验,高度熟悉整个过程,避免遗漏细节;完善项目作业系统,规范作业系统,减少过程中的错误;改进团队管理技术、提高公司的运营效率也可在一定程度上防范外部风险,同时在后期的投资者利润分配中发挥重要作用。

第6章 结论与展望

6.1 结 论

前文以文化传媒产业中的华人天地、江苏远东、海龙核科、雷神科技四个股权众筹项目为研究样本,特别对华人天地新三板挂牌前与挂牌后皆选择借助股权众筹这一融资方式的事件始末进行了分析,可知我国文化传媒类小微企业与股权众筹能够形成高效的匹配度。一方面,股权众筹为文化传媒企业拓宽了融资渠道,为企业获得必要的资金支持,有利于行业的欣欣向好发展;另一方面,也打响了股权众筹融资模式的招牌,也为这个产业带来了经营效益。目前国内文化传媒产业通过股权众筹模式获得资金支持的案例屈指可数,但是随着双方相互匹配带来的高效益不断凸显,相信未来会有更大的发展机遇。

另外,在从三个维度对华人天地创新项目融资质量影响因素进行深度挖掘后,不难发现其存在的显著性特征。在整个融资过程中,作为项目发起人的华人天地与股权众筹平台众投邦起着关键性因素,作为项目的"草根"支持者需拥有敏锐观察力并树立正确的风险投资防范意识,而整个环节中存在的外部(我国法律、金融结构与行业前景等)与内部(创业团队能力、平台设计的风控制度等)都会产生无法忽视的风险。

（1）文化传媒类小微企业可与股权众筹建立高效连接模式，二者具有双向促进作用。

在我国市场经济发展建设中，文化传媒项目属于精神生产范畴并具有创新性强的特点，"无实体资产抵押式"及其盈利难以具体量化，故传统的金融投行中介机构并不青睐这一领域。基于互联网金融的发展，其长尾效应能为文化传媒类小微企业带来众多的参与用户，众筹给文化产业带来的收益已远高于单纯的资金融通。通过微资本的利益联结打造新型的"人与资本VS创新孵化平台互哺"机制，将深层次影响文化传媒类产品的研发制作传播流程和供需对接形态。

（2）创新项目发起人与股权众筹平台对于项目融资质量的完成起着关键性作用，支持者需要提高自身投资决策能力并树立健康投资心态。

专注于文化项目的投黑马众筹平台CEO牛文文曾表示，优质的文化传媒项目会实现三赢：一是为企业带来发展必要的资金；二是最大功效地发挥平台的中介服务性功能，提升知名度以及获得更多的用户；三是项目的支持者投后拥有较好的回报保障机制。投资人在项目浏览时往往会关注企业发展现状、财务数据与其创业团队成员背景资料，且经前文规范检验，对于项目的市场估值也是获得投资的重点因素。项目的支持者一般通过互联网平台进行投资交易，不可避免地会存在信息不对称的风险，而项目发起人与支持者之间的积极沟通也有助于项目的成功融资。

发现优质项目、引入专业领投人与完善投后资金管理都是任何一家专业股权众筹平台的责任。本书中众投邦平台为项目成功融资达成两方面关键性作用：首先，为华人天地提供由内到外的一站式服务，对内设计完善孵化、培育体系，如引入光大证券券商机构，对外借助新媒体运营及移动支付 App 客户端，大力宣扬项目的可投资性；其次，项目支持者与发起人保持高度利益对接性，因为从案例中可发现众投邦需保持公正的第三方态度，保障发起人与支持者的权益皆不受侵害。

（3）华人天地股权众筹创新项目中发起人信用风险尤为重要，需要各个相关主体的积极与高度配合。

乔治·阿克洛夫在《"柠檬市场"：质量不确定性和市场机制》一书中强调在金融市场中，项目团队是否能顺利筹集到资金，取决于他们所提供的信用和价格是否被项目支持者接受，可见发起人信用直接决定项目信用风险的高低。良好的专业素养、团队精神与心理素质等都是一个项目团队所必备的品质，从项目本质来说，与其他科技型创新项目相比（行业均值高达0.64），文化传媒类创新项目没有占据较大的优势，另外，较高的风险降低了投资人的吸引力。本书华人天地案例虽然属于文化传媒的"轻资产"公司，但却实现了成功融资，得益于华人天地项目发起人挂牌新三板的监管保障以及提出的"回购协议"制度，实现投资刚性兑付，保护了项目支持者的自身权益。新三板挂牌企业获得互联网金融资本支持，拓宽了融资对接渠道，并实现双方资源互通有无，相应的投资保障型条约也极大地降低了投后项目的欺诈风险，获得投资人支持。

综上所述，要实现文化传媒产业获得股权众筹金融资本的高效率发展，需要的是项目发起人、支持者、三方股权众筹平台以及我国不断完善的众筹法律条文与监管机构的共同努力。

6.2 展 望

本书研究了股权众筹模式下文化传媒企业华人天地、江苏远东、海龙核科、雷神科技的融资效率以及存在的制约性因素,取得了一定成果,但仍旧存在着不足,对于股权众筹模式与文化金融的研究,大多为规范研究,数据调研工作有待进一步加强。预期研究可从以下几方面展开:

(1)延伸至国外文化传媒项目研究,扩大平台数据的收集源,对处于成长期的优质文化项目进行定量研究,并与国内平台运营情况相比较,不断契合二者的匹配度。

(2)拓宽众筹融资平台,未来将着眼于文化传媒项目通过权益类众筹、借贷型众筹模式达成的效果。

总之,随着我国普惠金融的不断推进,新的融资方式为小微企业融资提供新思路,需要在实践中不断探索与发现,促进我国小微企业以及国民经济积极向好发展。

参考文献

［1］陈端. 文化传媒众筹轨迹与实际情境［J］. 重庆社会科学,
    2016(4):72 - 79.

［2］人创咨询. 中国众筹行业发展报告［EB/OL］. 北京:人创咨
    询有限公司,(2017 - 07 - 29.)［2020 - 02 - 26］. http://
    www. zhongchoujia. com/data/29029. html.

［3］王帅. 文化产业金融支持体系现状与对策研究［D］. 山东财
    经大学,2013.

［4］Lee G Y, Yi Y. The effect of shopping emotions and perceived
    risk on impulsive buying: the moderating role of buying
    impulsiveness trait［J］. College of Business Administration,
    2008,14(2):67 - 92.

［5］Sinha S, Sarmah S P. Single - vendor multi - buyer discount
    pricing model under stochastic demand environment ［J］.
    Elsevier ltd,2010,59(4):945 - 953.

［6］Nocke V, Peitz M, Rosar F. Advance - purchase discounts as
    a price discrimination device［J］. Elsevier Inc, 2011, 146
    (1):141 - 162.

［7］Ordanini A, Miceli L, Pizzetti M, et al. crowd - funding:
    transforming customers into investors through innovative service
    platforms［J］. Emerald Group Publishing Limited, 2011,22
    (4):443 - 470.

［8］郭勤贵.众筹平台的治理角色［J］.董事会,2015(9):45 -49.

［9］Rubinton B J. Crowdfunding:disintermediated investment banking ［J］. Social ence Electronic Publishing,2011.

［10］De Buysere K,Gajda,O,Kleverlaan,R,et al. A Framework for European Crowdfunding［M］. European Crowdfunding Network（ECN）,2012.

［11］Belleflamme P, Lamert T. Schwienbacher A. Crowdfunding: tapping rhe right crowd［J］. Core Discussion Papers, 2014 (5):585 -609.

［12］姚余栋.共享金融:大变革时代金融理论有了突破点［J］. 上海证券化,2015(9):1 -5.

［13］范家琛.众筹商业模式研究［J］.企业经济,2013(8):74 -77.

［14］孟韬,张黎明,董大海.众筹的发展及其商业模式研究［J］. 管理现代化,2014(2):50 -53.

［15］王光岐,汪莹.众筹融资与我国小微企业融资难问题研究 ［J］.新金融,2014(6):62 -65.

［16］Mollick E. The dynamics of crowdfunding: an exploratory study［J］. Journal od Business Venturing, 2014(1):1 -16.

［17］Fumagalli Danielle C, Gouw Arvin M. Crowdfunding for personalized medicine research［J］. Pubmed, 2015,88(4): 431 -423.

［18］Xu B, Zheng H, Xu Y, et al. Configurationally paths to sponspor satisfaction in crowdfunding［J］. Journal of Business Research,2016,69(2):915 -927.

［19］Yum H, Lee B, Chae M. From the wisdom of crowds to my

own judgment in microfinance through online peer – to – peer lending platforms [J]. Electronic Commerce Research and Applications,2012,11(1 – 6):469 – 483.

[20] Cordon B, Anindya G, Suril W. An empirical examination of the antecedents and consequences of investment patterns in crowd funded markets [J]. Ssrn Electronic Journal, 2012 (7):41 – 48.

[21] 周宇. 互联网金融:一场划论代的金融变革[J]. 探索与争鸣,2013(9):67 – 71.

[22] 刘姝姝. 众筹融资模式的发展、监管趋势及对我国的启示 [J]. 金融与经济,2014(7):47 – 51.

[23] 李昊. 我国众筹融资平台法律问题研究[J]. 宁夏社会科学,2014(4):13 – 18.

[24] 汪莹,王光岐. 我国众筹融资的运作模式及风险研究[J]. 浙江金融,2014,(4):62 – 65.

[25] Ahlers G,Gumming D,Güenther C,et al. Signaling in equity crowdfunding [J]. Entrepreneurship Theory and Practice, 2015,39(4):955 – 980.

[26] Gerber E, Hui J, Kuo P Y. Crowdfunding: why people are motivated to post and fund projects on crowdfunding platforms [C]// Computer Supported Cooperative Work, 2012.

[27] Introne J, Levy K, Munson S A, et al. Design, influence, and social technologies: techniques, impacts and ethics, 2012,(11): 229 – 245.

[28] Gerber E M,Hui J. Crowd funding: motivation and deterrents

for participation[J]. Acm Transactions on Computer Human Interaction, 2016,20(6):32 –34.

[29] Meer J. Effects of the price of charitable giving：evidence from an online crowdfunding Platform [J]. Journal of Economic Behavior and Organization,2014,103(7):113 –124.

[30] Gleasure R. Resistance to crowdfunding among entrepreneurs：an impression management perspective [J]. Journal of Strategic Information Systems,2015,24(4):219 –233.

[31] 郑海超,黄宇梦,王涛,等.创新项目股权众筹融资绩效的影响因素研究[J].中国软科学,2015(1):130 –138.

[32] 张小涛,岳文华,张学峰.中国股权类众筹发展的制约因素及风险研究[J].河南科学,2014(11):2343 –2349.

[33] Ahlers G, Cumming D J, Güenther C, et al. Signding in equity crowdfunding [J]. Entrepreneurship：Theory and Practice, 2015.

[34] Lambert T, Schwienbacher A. An empirical analysis of crowdfunding[J]. Social Science Research Network,2010, (4):1 –23.

[35] 刘明霞,黄丹.基于扎根理论的奖励型众筹发起者参与动机研究[J].科技进步与对策,2015,32(24):6 –11.

[36] Mendes-Da-Silva W, Rossoni L, Conte B S, et al. The impacts of fundraising periods and geographic distance on financing music production via crowdfunding in brazil[J]. Journal of Cultural Economics,2016,40(1):1 –25.

[37] 李国鑫,王正沛.科技类奖励众筹支持者参与动机及参与意

愿影响因素研究[J].管理学报,2016,13(4):580－587.

[38] 乐后圣.21世纪黄金产业:文化产业经济浪潮[M].北京:中国社会出版社,2000.

[39] 文化部关于支持和促进文化产业发展的若干意见[J].文化市场,2004(1),15－18.

[40] 刘双舟.文化金融要健康发展须预防五个误区[J].声屏世界,2013(3):69.

[41] 黄蓉平.发展民族文化产业与金融支持研究:基于发展石林民族文化产业的实证分析[J].时代金融,2008(1):86－88.

[42] 罗靓.发展文化产业与金融支持[J].农村金融研究,2008(5):21－25.

[43] 于婷.完善文化企业投融资机制[N].中国证券报,2008－11－11(B07).

[44] 常晔.金融支持文化产业发展问题研究[J].经济研究导刊,2009(12):84－85.

[45] 王琳.天津城市文化产业的结构创新与文化金融创新[J].城市,2010(6):73－76.

[46] 王建琪,曾昭晖.关于歌华率先发展文化金融服务业的问题初探[J].中国广播电视学刊,2012(4):88－90.

[47] 马翠莲.上海银行:文化金融支持文化发展[N].上海金融报:2012－11－30(A14).

[48] 王淼.吉林省文化产业融资困境研究[D].东北师范大学,2013.

[49] 费聿珉,张友祥,国林恒.长吉图先导区高新技术产业融资模式探讨[J].当代经济研究,2015(6):92－96.

[50] 王禹心.浅谈我国文化产业当中的融资问题[J].才智,
2016(5):200.

[51] 李子川.中国互联网众筹市场行业报告[EB/OL].北京:
易观智库,2016.

[52] 胡慧源.江苏文化产业发展评价及其对策[J].科技管理研
究,2015,35(3):67-71.

[53] 辜胜阻,曹誉波,杨威.科技型企业发展的多层次金融支持
体系构建[J].商业时代,2011(22):77-78,102.

[54] 徐小俊.发展新三板股权众筹[J].中国金融,2015
(3):66-68.

[55] 萧琛.论中国资本市场"倒金字塔"结构的矫正:"简政放
权""草根创业"与股市供应面改善[J].北京大学学报(哲
学社会科学版),2014,51(6):20-29.

[56] Gompers P,kovner A, Lerner J. Specialization and success:
evidence from venture capital[J]. Journal of Economics and
Management Strategy,2010,18(3): 817-844.

[57] Stanko A,Henard D H. 众筹盯住"钱包"就够了?[J]. 董
事会,2016,137(5): 89-91.

[58] 甄烨,薛耀文,王文利.众筹融资中支持者投资行为的动态
分析:基于演艺众筹的实证[J].广东财经大学学报,
2016,31(4):72-80.

[59] 赵尧、鲁篱.股权众筹领投人的功能解析与金融脱媒[J].
财经科学,2015,333(12):28-42.

[60] 查尔斯·麦基.非同寻常的大众幻想与全民疯狂[M].万
卷出版公司,2010.

[61] 周灿.我国股权众筹运行风险的法律规制[J].财经科学,2015(3):14-21.

[62] 彭冰.非法集资活动的刑法规制[J].清华法学,2009(3):120-130.

[63] 李清香,王念新,吕爽葛,等.发起人与出资者的在线交互对众筹项目成功的影响[J].管理工程学报,2019,34(1):118-126.

[64] 张成虎,王琪.领投人特征对股权众筹融资绩效影响的实证研究[J].人文杂志,2019(10):62-73.

[65] Ciuchta M P, Letwin C, Stevenson R M, et al. Regulatory focus and information cues in a crowdfunding context[J]. Applied Psychology, 2016, 65(3):1-25.

[66] 张科,裴平.信息不对称、贷款人类型与羊群效应:基于人人贷网络借贷平台数据的研究[J].经济管理,2016(6):125-137.

[67] 李晓鑫、曹红辉.信息披露、投资经验与羊群行为:基于众筹投资的研究[J].财贸经济,2016,37(10):72-86.

[68] 许建兴.股权众筹融资的法律风险与立法完善[J].人民论坛,2017(23):90-91.

[69] 宋坤,李永清.基于众筹平台角度的众筹融资模式风险分析研究.[J].经济问题,2016(12):47-51.

[70] 李歆,孙绍荣.基于制度工程学的小微企业众筹融资风险管理研究.[J].管理现代化,2016(6):108-110.

[71] 栾红,吕鹏.保险机制优化众筹平台融资的对策研究.[J].理论学刊,2015(12):60-66.

［72］陈秀梅,程晗. 众筹融资信用风险分析及管理体系构建.
［J］.财经问题研究,2014(12):47 – 51.

［73］ Mastrangelo L, Cruz – Ros S, Maria – Jose, et al. Crowdfunding success: the role of co – creation, feedback, and corporate social responsibility［J］. International Journal of Enterpreneurial Behavior and Research, 2019, 26 (3): 449 – 466.

［74］王晓琳,施若. 互联网众筹相关研究综述［J］.经济研究导刊,2019(27):151 – 152.

［75］ Kim M J, Bonn M A, Lee C K. The effects of motivation, deterrents, trust, and risk on tourism crowdfunding behavior ［J］. Asia Pacific Journal of Tourism Research, 2019, 25 (3):244 – 260.

［76］ Lars H; Matthias S; Eliza S. Equity crowdfunding in Germany and the United Kingdom: follow – up funding and firm failure ［J］. Corporate Governance,2018,26(5):331 – 354.

［77］朱晓丹.律师在中小文化企业融资中的法律服务［J］.中国律师,2013(8):25 – 26.

［78］吴劲军.深圳文化产业发展中的金融支持［J］.中国金融,2012(2):78.

［79］林南,牛喜霞. 资本理论的社会学转向［J］. 社会,2003(7):29 – 33.

［80］刘琳,刘胜花.河北省文化产业投融资模式创新研究［J］.科技与企业,2012(8):85 – 87.

［81］邱勋,陈月波. 股权众筹:融资模式、价值与风险监管［J］.

新金融,2014(9):58-62.

[82] 骆祚炎,乔艳.私募股权投资效率的随机前沿 SFA 模型检验与影响因素分析:兼论中国股权众筹的开展[J].金融经济学研究,2015,30(6):82-91.

[83] Chabrier S, Alvarez H, Parker F, et al. Hemorragie cerebro-meningee de l'enfant et du nourrisson[J]. Communications affichées, 1999, 6(99):S539.

[84] Allen N, Berger, Cregory F, et al. The economics of small business finance: the roles of private equity and debt markets in the financial growth cycle [J]. Journal of Banking & Finance,1998,22(6):613-673.

[85] 傅喆."美国 JOBS 法案"签署 鼓励中小企业融资[J],金融管理与研究,2012(6):44-45.

[86] 中国证券业协会.《私募股权众筹融资管理办法(试行)(征求意见稿)》[EB/OL]. https://www.sohu.com/a/109936878_/60309.

附 表

表1 1-9比例标度量化表

标度	含义
1	两因素相比,前一因素与后一因素同等重要
3	两因素相比,前一因素比后一因素略重要
5	两因素相比,前一因素比后一因素较重要
7	两因素相比,前一因素比后一因素非常重要
9	两因素相比,前一因素比后一因素绝对重要
2,4,6,8	以上前后两级之间对应的标度值
倒数	两因素相比后者比前者的重要性标度值

表2 平均一致性随机指标 RI

阶数	1	2	3	4	5	6	7	8	9
RI	0	0	0.58	0.90	1.12	1.24	1.32	1.41	1.45

表3 一级指标重要程度判断表

	法律与监管风险因子	发起人风险因子	平台风险因子	支持者风险因子
法律与监管风险因子	1			
发起人风险因子		1		
平台风险因子			1	
支持者风险因子				1

表4 法律与监管指标重要程度判断表

	参与人数制约危机	特定对象危机	规避法律风险危机
参与人数制约危机	1		
特定对象危机		1	
规避法律风险危机			1

表5　发起人指标重要程度判断表

	发起人信用风险	创新项目信用风险
发起人信用风险	1	
创新项目信用风险		1

表6　平台指标重要程度判断表

	审核风险及控制	推荐风险	资金流风险及控制
审核风险及控制	1		
推荐风险		1	
资金流风险及控制			1

表7　支持者指标重要程度判断表

	信息安全风险	信息披露不规范风险
信息安全风险	1	
信息披露不规范风险		1